ELISABETH STRUNZ

DAS GROSSE Kommissar REX BUCH

Originalausgabe

Copyright ©1995 Thomas Lardon Literary & Media Agency,
Hamburg und SAT.1 New Business Development (NBD)
Alle Rechte, auch die der fotomechanischen Wiedergabe,
vorbehalten.

Herausgeber: L&S Mediaconcept AG,
Tramstraße 71, CH-8050 Zürich

Fotos: SAT.1, Ali Schafler, Herbert Dobrovolny,
Teresa Ann Miller, HörZu (Jo Wieczorek), Gudrun Stadlmann

Art Direktion: Sandra Hennies
Umschlaggestaltung: Anne Rump
Satz: Thomas Schmitz Kommunikation, Hamburg
Lithographie: Printshop Schimann, Karlskron
Printed in Germany

V O R W O R T

In meinem Elternhaus gab es nur einen Hund: einen starrköpfigen Rauhhaardackel namens Sascha, eigentlich Alexander von Heiligenberg. Damals lernte ich des Menschen besten Freund kennen und lieben. Alles ging nach seinem Kopf, er bestimmte den Alltag und war - seinem Charakter entsprechend - der unumstrittene Herr des Hauses. Viele Jahre später begegnete ich Rex. Der edle Reginald von Ravenhorst ist zwar 5-10 Mal größer als der ungestüme Gefährte meiner Jugendtage, trotzdem fühlte ich mich in seiner Nähe und in der seiner Trainerin Teresa Ann Miller gleich wohl. Zwei Jahre lang durfte ich die beiden bei ihrer Arbeit beobachten und betreuen, wenn es um Kontakte zur Presse ging. Einmal nannte mich ein Journalist sogar die „Managerin von Rex". Voll Stolz nahm ich dieses Kompliment zur Kenntnis. Doch es kam noch dicker. Wenn Teresa mit Rex auf ein Foto mußte, dann durfte ich sogar für einige Minuten Rex' Trainerin sein und ihn mit diversen Quietschtieren und Futterstückchen zum Blick in die Kamera bewegen. Privat sind Teresa und Rex ein perfektes Gespann. Beide strahlen sie Ruhe und Freude aus, auch wenn jeder der beiden andere Ausdrucksmittel hat. Ich erinnere mich an viele erfreuliche Drehtage mit Teresa, auch wenn dabei hart gearbeitet wurde. Ihr Humor und ihre Lebensfreude trugen immer zum Durchhalten bei. Rex bewies seine gute Laune gerne mit ein paar nassen Hundeküssen, unerwartet und mitten ins Gesicht. Gerne begrüßte er mich auch, indem er mit seinen 38 kg an mir hochsprang. Für eine 162 cm große und 51 kg leichte Frau zwar eine große Ehre, aber nicht ganz leicht durchzustehen. Zumindest erwarb ich dank Rex wieder ein bißchen mehr Standfestigkeit. Im Grunde paßte alles zusammen. Rex und seine Trainerin, die Kriminalgeschichten von Peter Moser und Peter Hajek und der Zusammenhalt des Produktionsteams der mungo-Film. Und die beiden Drehbuchautoren schreiben bereits an neuen Folgen. Mögen ihnen die Ideen niemals ausgehen, dann ist Kommissar Rex ein langes Leben beschieden! **Elisabeth Strunz**

INHALT

KAPITEL I

DIE ENTSTEHUNG DER IDEE

Die Drehbuchautoren: Peter Moser (l.) und Peter Hajek (r.)

Neben seiner Trainerin hat Rex auch noch zwei geistige Väter. Seine Figur als kriminalistische Schnüffelnase auf vier Beinen wurde von zwei Männern geschaffen: den Drehbuchautoren Peter Hajek und Peter Moser. Die beiden Österreicher haben vor der Serie „Kommissar Rex" schon einige andere Drehbücher gemeinsam geschrieben. Hauptsächlich österreichische TV-Serien waren das Produkt ihrer Arbeit, wie „Mozart und Meisel" und „Wenn das die Nachbarn wüßten..." mit Towje Kleiner und Anja Kruse. Peter Moser schreibt nicht nur Drehbücher, sondern auch Texte für Kabaretts und satirische Sendungen. Er zählte auch zu den Autoren der Harald-Juhnke-Show. Peter Hajek war Journalist, schrieb Texte für die Show „Wünsch Dir was" mit Vivi Bach und Dietmar Schönherr. Gemeinsam mit Helmuth Dimko rief er vor vielen Jahren die Sendung „Apropos Film" ins Leben, die nach wie vor für das ZDF produziert wird. Peter Hajek und Peter Moser, seit 1986 ein festes Autorenteam, stellten fest, daß Wien sich in den letzten Jahren, was die Kriminalität betrifft, dem internationalen Standard angenähert hat. Also beschlossen sie, auch Krimis zu schreiben, die in dieser Stadt spielen und typisch dafür sind. Organhandel mit dem Osten und eine Verfolgungsjagd in den Kanälen unter der Stadt waren nur zwei dieser Fälle, die den Charakter und die Rolle Wiens als Drehscheibe in Europa dokumentieren.

Zur Lösung der Verbrechen brauchten sie einen Kommissar, der mit den Gegebenheiten der Unterwelt vertraut ist, und fanden ihn in Richie Moser alias Tobias Moretti. Problematisch gestaltete sich die Suche nach einem geeigneten Assistenten des jungen, dynamischen Kommissars. Moser und Hajek betrachteten zuerst das weite Feld der deutschen Krimiassistenten im Fernsehen: Es gab junge, alte, skurrile, humorige, weibliche und Kommissare ohne Helfer. Nichts von all dem, was sich den beiden Wienern in der einschlägigen Szene anbot, begeisterte sie wirklich. Und so einigten sich die beiden Autoren darauf, das Schicksal entscheiden zu lassen. Sie zogen sich an ihren Lieblings-Kreativplatz zurück, öffneten eine Flasche Wein und warteten. Sie beschlossen: „Die nächste zur Tür hereinkommende Person soll das Vorbild für die Figur der Assistentin oder des Assistenten sein." Hajek und Moser staunten nicht schlecht über die Laune des Schicksals: „Durch die offene Tür im Garten erschien kurz darauf der Schäferhund des Nachbarn, um sich seine Wurst abzuholen. Somit war die Frage nach der Person des Assistenten entschieden."

Die beiden freundeten sich bald mit dem Gedanken an, ließen ihre Phantasie spielen und recherchierten ausgiebig zu den Themen Schutzhund, Schäferhund, ihre Talente, Neigungen und Vorzüge. Die beiden Drehbuchautoren wollten einen Krimi schreiben, in dem sich menschliche Intelligenz und tierischer Instinkt miteinander verbinden und so Tier und Mensch gemeinsam Kriminalfälle aufklären. Persönliche Erfahrung mit Schäferhunden hatten sie nicht. Peter Hajek hat nämlich keinen Hund und Peter Moser ist das Herrchen eines allerliebsten tibetanischen Shih Tzu namens Shou Shou. Trotzdem sagt Peter Moser heute, daß viele Tricks, die die beiden Autoren Rex auf den Leib schrieben, den Verhaltensweisen von Shou Shou abgeschaut worden sind.

KAPITEL II

DIE SUCHE NACH REX

Nachdem Peter Hajek und Peter Moser, die beiden Drehbuchautoren der Serie „Kommissar Rex", ihren Serienhelden erfunden hatten, mußte man die Rolle natürlich auch richtig besetzen. Nach der unergiebigen Suche nach einem geeigneten Trainer in Europa begann man, die Vereinigten Staaten nach einem Ausbilder für den Vierbeiner mit kriminalistischem Instinkt zu durchforsten. In Hollywood – wie könnte es anders sein – wurde man dann bei Animal Action endlich fündig. Die Ansprüche von Karl Miller und seiner Tochter Teresa an Film-Tiertraining entsprachen endlich den Vorstellungen der Drehbuchautoren und des Produzenten. Teresa Ann Miller und Co-Trainerin Gayle Phelps packten also ihre Haushalte zusammen, um für rund ein Jahr der Filmmetropole den Rücken zu kehren und in Wien ihr Können und Talent unter Beweis zu stellen. Die Lehrer waren zwar gefunden, aber an einem Schüler mangelte es noch. Peter Hajek und Teresa Ann Miller wurden von einem ehemaligen Polizeihunde-Ausbilder auf die Fährte von Rex gesetzt. In Ingolstadt liefen die Fäden zusammen. 17 Schäferhunde wurden von den beiden „Dog-Huntern" nach verschiedensten Kriterien unter die Lupe genommen. Peter Hajek achtete darauf, daß der Nachwuchsstar äußerlich seinen Vorstellungen entsprach: kurze Schnauze, helle Maske, Stehohren und treuherziger Blick. Teresa schaute bei diesem Hundecasting mehr auf die charakterlichen Anlagen: Menschen mußte er mögen, neugierig sollte er sein und sein Spieltrieb mußte seine ausgeprägteste Eigenschaft sein. Teresa spürte instinktiv bei der Nummer drei ihrer Suchaktion, daß die Sympathie von beiden Seiten gleich groß war. Peter Hajek konnte sich ebenfalls für den großen, ruhigen, distanzierten und doch verspielten Reginald von Ravenhorst erwärmen. Nach der „Beschnüffelung" mit Nummer 17 kehrten beide zurück, um sich den achtzehn Monate alten Reginald noch einmal näher zu betrachten. Beim zweiten Anlauf bestand kein Zweifel mehr. Der zukünftige TV-Held auf vier Pfoten packte Futterschüssel und Hundeleine, um die glitzernde Welt des Showbusiness kennenzulernen und über 12 Millionen Menschen in Deutschland, Österreich und der Schweiz zu begeistern.

KAPITEL III

DER TRAININGSBEGINN

Als Rex von Teresa Ann Miller und Drehbuchautor Peter Hajek von Ingolstadt nach Wien geholt wurde, hatte er gerade den 18. Lebensmonat vollendet. Er war bereits in einigen Bereichen, die ein Schutzhund braucht, unterrichtet worden. Allerdings mußte er von Teresa zuerst „rücktrainiert“ werden, da er unter ihrer Obhut nicht Wachhund, sondern Fernsehstar werden sollte. Zu Beginn mußte Rex seine beiden Mädels, die ihn von nun an bestens versorgen sollten, erst kennenlernen. Für ihn waren Teresa und Gayle Fremde und er hatte keine Ahnung, was auf ihn zukommen würde. Er mußte sich an sein neues Heim gewöhnen, und die Trainerinnen bauten die Arbeit auf den Vorlieben des Hundes auf. Es wurden zwei Trainerinnen engagiert, da viele Tricks nur durch die Arbeit mit zwei Menschen funktionieren. Geht Rex beispielsweise vom Schreibtisch von Richie Moser zu dem von Assistent Stockinger, muß ein Trainer ihn wegschicken und der andere ihn in Empfang nehmen. Damit ist für den Hund klar, wohin er sich bewegen soll. Teresa Ann Miller ist nicht nur Rex' Frauchen, sie ist auch sein A-Trainer (Haupttrainer). Den zweiten Trainer, der assistiert, nennt man in der Fachsprache der Tiertrainer B-Trainer. Rex wurde beigebracht, nicht mehr auf scharfe Kommandos zu hören. Anfangs zeigte er auf Teresas Aufforderungen manchmal keine Reaktion, da er nicht erkannte, daß die ruhigen und freundlichen Worte ihm galten. Als Rex der angenehme Umgangston in Fleisch und Blut übergegangen war, wurde sein Verhalten in verschiedenen Situationen getestet und in einigen Fällen korrigiert. Er lernte, daß man in Gegenwart von Autos, Fremden und anderen Tieren nicht irritiert sein muß, wenn man mit Frauchen an der Leine geht. Das Basiswissen, wie „Sitz“, „Geh“, „Steh“, „Leg dich nieder“ und „Komm“ wurde ihm gleich in englischer Sprache vermittelt. Da er vorher nur wenige deutschsprachige „Unterrichtsstunden“ genossen hatte und sich Worte wie „sit“ und „sitz“ kaum voneinander unterscheiden, bereitete die neue Sprache keine Probleme. Rex lernte Englisch schneller als so mancher Mensch. Dann standen die ersten Tricks auf dem Stundenplan.

Rex nahm Objekte auf und hielt sie fest. Erst nach einem Zeichen ließ er sie fallen. Zu Beginn waren es Dinge, die er ganz leicht im Fang halten konnte, wie Zeitungspapier und Zweige. In einer zweiten Stufe ließ er den Gegenstand in einen Behälter fallen. Dieser war zuerst eine große Futterschüssel, die weder zu hoch noch zu eng war, um hineinzutreffen. Als sich die Erfolgserlebnisse mit dem Spiel „Zeitungspapier in der Futterschüssel“ häuften, wurden die Bedingungen schwieriger. Apportiert wurde ein tragbares Telefon, und der Behälter, in dem das Papier landete, war schließlich ein echter Papierkorb.

Alle Sprünge, die Rex in seiner Serie zeigt, machte er sich durch Spaß an der Bewegung zu eigen. In all diesen Fällen steht die Trainerin einfach einige Meter entfernt und gibt ihm Zeichen, zu ihr zu kommen. Sitzt Rex nun auf einer Anhöhe, springt er ohne besondere Aufforderung zu ihr herunter, wie jeder andere Hund es auch täte.

Anschleichen, „traurig“ und „lustig“ sein – oder eine der schwierigsten Übungen, „gähnen“ – werden durch den „Nachahmeffekt“ erzielt. Bei gedämpfter, leiser Stimme von Teresa und deren sparsamer Körpersprache wirkt die Reaktion des Hundes „traurig“. Er läßt den Kopf hängen und geht langsam. Kehrt die Trainerin die Stimmung um und signalisiert ihm Heiterkeit und Energie, lebt auch Rex seine „Fröhlichkeit" aus. Wird ihm Gähnen vorgemacht, geht es ihm ähnlich wie uns Menschen - er wird angesteckt. Allerdings scheint dieser Reflex bei Hunden nicht so stark ausgeprägt zu sein. Oft mußte ihm Teresa bis zu 20 Mal etwas „vorgähnen", bis er ihrem Beispiel folgte.

Auch das Bellen auf Aufforderung hat einen einfachen Hintergrund. Vor seiner Hauptmahlzeit saß Rex immer aufgeregt in der Küche und harrte der kulinarischen Genüsse. Wenn er bellte, um seine Futterschüssel zu bekommen, wurde er in seinen energischen Bitten von seiner Trainerin bestärkt. Bald schlich sich folgender Gedanke in die Hundelogik ein: „Wenn man bellt, bekommt man sicher sein Futter." Natürlich begleitete Teresa dieses Spielchen immer mit einem bestimmten Handzeichen und dem Wort „speak". Wendet sie die Kombination nun außerhalb der Essenszeit beim Dreh an, erinnert er sich immer seiner Futterschüssel und gibt bereitwillig Laut. Um ihn aber in seiner Logik zu bestärken, gibt es nach einem herzhaften Bellen immer ein paar Snacks – Käse oder Rinderleber.

Viele Tricks, wie mit beiden Vorderpfoten an einem Gegenstand oder einem Menschen hochzuspringen, entstehen durch ständiges „Vormachen" und Wiederholen derselben Worte und Handzeichen. Je klarer und dem Hundeverständnis angepaßter eine Ansage erfolgt, desto problemloser erfüllt Rex den Wunsch seiner Trainerin. Ebenso funktionieren Tricks wie „hinlegen", „nach links rollen" und „nach rechts rollen". Die Hand zeigt die Richtung der Bewegung, unterstützt durch bekannte Worte. Hinlegen und Aufstehen lernte Rex durch die Führung an der Leine. Heute genügt die Handbewegung, auch wenn keine Leine da ist.

Rex' wohl bekannteste Haltung, die Zweibeiner mit schräg gehaltenem Kopf und herzerwärmendem Blick zu verzaubern, entsteht auch durch einen einfachen Trick. Wenn er eines seiner vielen Quietschtiere links oder rechts seitlich von sich hört, legt er den Kopf schief, um die Richtung zu orten, aus der der spaßversprechende Lärm kommt. Dabei muß es natürlich in der Umgebung still sein, denn jedes andere Geräusch würde ihn sofort ablenken. Um für diese Aktion immer wieder neue Töne zu produzieren, zeigte sich Teresa in den letzten zwei Jahren oft sehr kreativ. Vom Cellophan einer Zigarettenschachtel bis hin zu quietschenden Gummi-Hamburgern mußte so ziemlich alles herhalten, um den vierbeinigen Kommissar aufs neue zu begeistern.

Im Juli 1993 war es dann soweit. Bei der „Warm-up-Party" in der Produktionsfirma lernte Rex erstmals das gesamte Team kennen. Er begrüßte alle freundlich und bewies wieder einmal, daß ihm das Zusammensein mit Menschen Spaß macht. Tags darauf war er dann beim ersten Drehtag dabei, hatte aber selbst noch keinen Auftritt. Durch den „Schnuppertag" konnte er sich an an die Atmosphäre am Set gewöhnen. Am 28. Juli 1993 fiel dann die erste Klappe für Rex. Er mußte mit Herrchen Richie Moser (Tobias Moretti) eine ältere Dame (Ida Krottendorf) besuchen. Tobias Moretti läutete an, Ida Krottendorf öffnete die Tür und Rex mußte brav mit treuherzigem Blick neben dem Kommissar sitzen bleiben. Das Team hielt bei Rex' Kamera-Action die Luft an. Doch wie es sich für einen Profi gehört, steckte er das Lampenfieber einfach weg und meisterte seine Rolle perfekt.

T I P S

Beim Training:
Oft wiederholen, immer wieder erklären, viel Geduld zeigen. Abwechslungsreich gestalten, bei Konzentrationsschwäche etwas anderes spielen. Interessant machen mit unterschiedlichem Spielzeug, Leckerbissen und neuen Geräuschen. Lustig für den Hund, indem er das Gefühl hat, es wird pausenlos gespielt. Kurze Lektionen mit ausgiebigen Ruhepausen.
Viel Lob durch Wort, Imbiß und Spiel.

KAPITEL IV

REX UND SEINE TRICKS

Wenn er durch Glasscheiben springt, mit einem Betäubungsgewehr angeschossen wird oder einen Mann mit einem Messer in der Hand stellt, zittern die 12 Millionen Fans des waghalsigen Vierbeiners. In der Wirklichkeit muß niemand um den beliebtesten Schäferhund aller Zeiten bangen.
Die Stunts, die er macht und die in der Serie spektakulär aussehen, werden von der Trainerin so angelegt, daß sie völlig ungefährlich sind. Was sie und ihr Rex allerdings dazu brauchen, ist viel Zeit.

Der Lebensretter

1. Rex zieht einen Mann aus einer Schlammgrube. In der Vorbereitung spielte Teresa mit Rex folgendes Spiel: jeder zieht an einer Seite des Stockes. In der Szene übernimmt der Mann in der Grube Teresas Rolle und zieht an dem Stock.

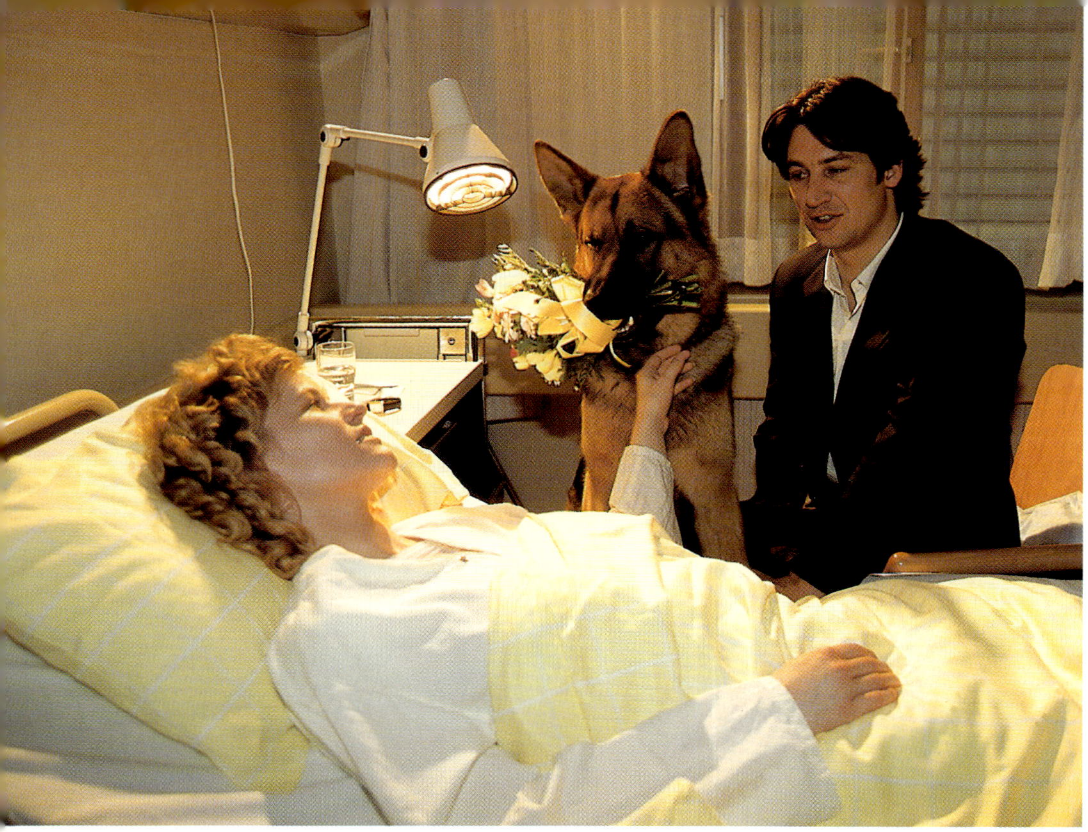

Der Rosenkavalier

Der Küsserkönig

2. Rex bringt einem geretteten Mädchen Blumen ans Krankenbett. So wird geübt: Rex bekommt ein länglich zusammengedrehtes Stück Papier, um es zum Krankenbett zu bringen. Er apportiert das Papier und legt es dem Mädchen hin. Wenn dies gut klappt, gibt Teresa ihm den Blumenstrauß, er bringt ihn genauso zum Krankenbett. Bei all den Gegenständen, die Rex apportiert, muß er sich zwar immer von neuem an das Gewicht, das Gewebe und die Oberfläche gewöhnen, der Vorgang ist aber immer der gleiche.

3. Rex springt durch die Glasscheibe. Zuerst übt er, durch einen Holzrahmen zu springen. Dann wird ein Stück Plastikfolie in den Rahmen gespannt, der in der Mitte ein großes Loch freiläßt. Die Folie wird immer größer, das Loch immer kleiner, bis Rex beim Sprung die Plastikfolie ganz zerfetzt. Vor der Kamera wird die Folie dann durch hauchdünn gezogenen Zucker ersetzt, der beim Sprung sofort in tausend kleine Stücke zerspringt. Keine Gefahr also für das Tier (höchstens für seine Figur, würde er die süßen „Scherben" nachher fressen!).

4. Teresa probt mit Karl Markovics und Rex. Rex soll den Assistenten Stockinger, der sich vor Hunden fürchtet, mit seinen Liebesbeweisen überschütten. Dazu stellt Rex dem Schauspieler (der in Wirklichkeit Hunde liebt) die Pfoten aufs Knie. Auf ein Handzeichen und die Aufforderung von Teresa, ihm das Gesicht abzulecken, wartet er keine Sekunde länger.

5. Rex und Moser lesen im Stadtplan von Wien. Tobias Moretti hält bei solchen Szenen, bei denen Teresa nicht unmittelbar eingreifen kann, eines von Rex' Spielzeugen oder ein Stück gekochte Leber in der Hand. Wenn er dies dann im Plan hin und her bewegt, liest Rex aufmerksam.

6. Rex betritt das Büro Moser mit einer Tüte im Fang. Er geht von Schreibtisch zu Schreibtisch und Moser, Stockinger und Höllerer nehmen jeweils eine Semmel aus dem Sack. Da diese Szene in einem gedreht wurde und nicht geschnitten wurde, mußte die Abfolge sehr genau geprobt werden. Der Co-Trainer schickte Rex weg. Teresa gab ihm von strategisch günstigen Punkten Zeichen (Rex sah sie gut, konnte die Handzeichen ungehindert beobachten). Immer wieder erklärte sie ihm, in welcher Reihenfolge er zu den Schreibtischen gehen

sollte. „Geh zu Tobias", war das Stichwort. War er bei Moretti angekommen, folgte das gleiche mit den Assistenten. Nachdem er die Reihenfolge der Schreibtische kannte, trottete Rex von einem zum anderen und verteilte Wurstsemmeln.

7. In einer der ersten Folgen der ersten Staffel mußten Moser und Rex einen Fall verbrecherischen Organhandels aus dem Osten klären. Im Laufe der Handlung wird Moser von den Killern angeschossen und entführt. Rex nimmt seine Fährte auf und folgt ihm bis zu einem alten Bauernhof, wo Moser in einem Keller eingesperrt ist. Rex reißt das Gitter aus den Angeln, springt hinunter und befreit seinen Herrn. Wenn der Sprung, so spektakulär er am Bildschirm wirkte, in Wirklichkeit auch nicht gefährlich für Rex war, bereitete dieser Trick der Trainerin Teresa doch einige Probleme. Sie hatte mit Rex das Hinunterspringen von irgendwelchen Erhebungen zwar schon oft geübt, jetzt mußte er aber von Bodenebene in einen Raum hineinspringen. Rex kann nur in einem spitzen Winkel hinunterspringen und nicht senkrecht, wie ein Mensch. Die Öffnung war aber einen Meter im Quadrat groß und vier Meter tief. Nachdem ein bestimmter Keller als perfekter Drehort feststand, löste man die Probleme unverzüglich. Die Wand des senkrechten Tunnels wurde zum Teil abgegraben, so daß Rex in seinem gewohnten Winkel springen konnte. Um ihn an die Tiefe von vier Meter zu gewöhnen, wurden Tische aufgestellt, die nach einem Metersprung eine Treppe bis zum Boden bildeten. Nach und nach wurden die Tische wieder weggeräumt, bis Rex drei Meter tief in den Keller sprang, auf Tobias Morettis Rücken aufkam und schließlich sicher auf dem Boden landete.

Was kann Rex noch alles ?

... Rex räumt die Wäsche in die Waschmaschine
... läuft am Hometrainer
... bringt Gangster zu Fall
... spielt Billard
... weckt ohnmächtige Menschen auf
... joggt mit Herrchen Moser
... bringt die Hausschuhe
... begrüßt den Postboten zu stürmisch
... stellt sich schlafend
... fängt die Wurstsemmel
... macht sich als Küsserkönig beliebt
... spielt Blindenhund
... hinkt wie schwerverletzt
... springt aus dem Auto
... rettet eine Frau aus der Donau
... geht selbständig einkaufen
... sammelt Papier
... läutet an Türglocken
... überwindet Abgründe, wenn er von einem Dach zum andern springt
... öffnet den Kühlschrank, um sich etwas zu essen zu holen

Der Gangsterjäger

Der Billardspieler

Der Joggingpartner

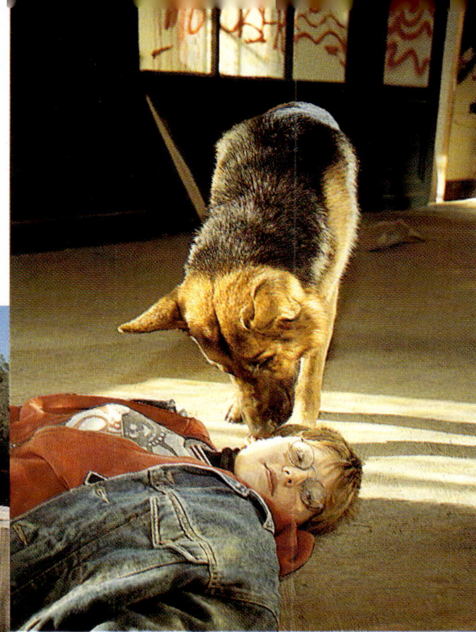

Rex weckt ein ohnmächtiges Mädchen auf

Der Postbotenschreck

Der Pantoffelräuber

Der Helfer im Haushalt

Das Entführungsopfer

Der Blindenhund

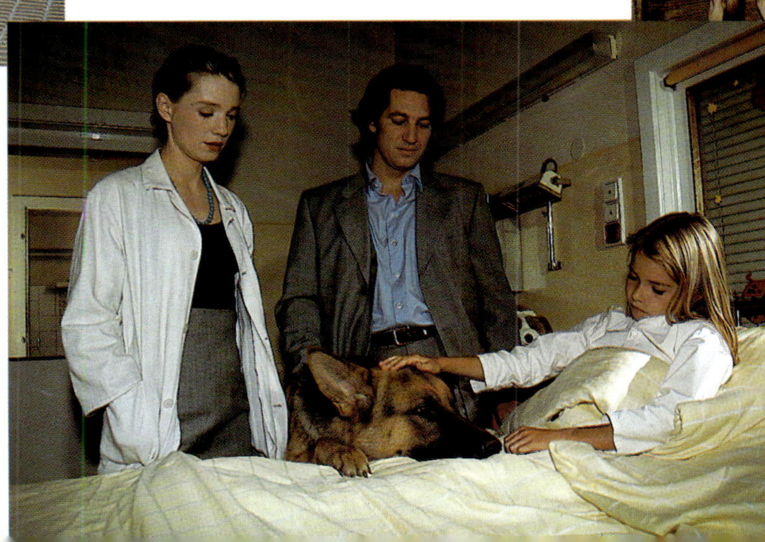

Der Kindertherapeut

T I P S

Nun noch einige Tips, die man auch bei seinem eigenen Hund anwenden sollte:

1. Jeder Hund sollte die Grundbegriffe wie Sitzen, Gehen, Apportieren und Hinlegen beherrschen. Besonders bei großen Hunden ist das Lernen der einfachen Regeln für die Sicherheit von Hund und Mensch unerläßlich. Rex mußte dies auch zuerst lernen, bevor er zum Fernsehen kam.
2. Alles, was man dem Hund beibringen will, muß ihm vorher gezeigt werden. Wenn man ihm mit Hilfe von bestimmten Worten und Zeichen begreiflich gemacht hat, was man möchte, kann er sich den Sachverhalt einprägen. Teresa Ann Miller hat für Rex eine eigene Zeichensprache entwickelt und verwendet auch immer dieselben Worte.
3. Nur Geduld bringt den Hundebesitzer ans Ziel. In ruhigem Ton sprechen und keine scharfen Kommandos geben! Rex und auch alle anderen Hunde erkennen nicht den Sinn des Wortes, sondern prägen sich die Art ein, wie es gesprochen wird.
4. Alle Dinge, die man einem Hund beibringen will, müssen ihm über den Spieltrieb vermittelt werden. Er muß an allem, was er lernt, Spaß haben. Für Rex beginnt das Spiel bereits am Morgen. Er sitzt als erster im Auto, damit man ihn auf dem Weg zum Drehort nicht vergißt, denn dort wartet jede Menge Spaß auf ihn.
5. Wenn der Vierbeiner eine Übung richtig gemacht hat, muß viel Lob folgen. Das kann in Form von Streicheln, Spielen oder durch Füttern mit seiner Leibspeise erfolgen. Rex mag am liebsten gekochte Leber und Käse.
6. Jeder noch so verspielte Hund braucht Ruhepausen. Nach einer Viertelstunde Training sollte man ihn ausruhen und spielen lassen. Auch Rex bekommt nach jeder seiner Szenen die Möglichkeit zu einem Nickerchen.
7. Wenn man die Aufmerksamkeit seines besten Freundes einmal so gar nicht erregen kann, sollte man sich seines Lieblings-Quietschtieres bedienen. Rex hat im Laufe der letzten eineinhalb Jahre unzählige dieser Quietschis verbraucht. Eines seiner liebsten Spielzeuge: ein roter quietschender Gummischuh.
8. Wenn der Hund keine Lust zum Training hat, sollte man ihn ja nicht dazu zwingen. Vielleicht ist er nach einem ausgiebigen Spaziergang oder dem Herumtollen im Garten mit Herrchen dazu aufgelegt. Rex spaziert mit Frauchen Teresa Ann Miller in den Drehpausen gerne durch die Parks und Gärten Wiens.
9. Wenn man mit seinem Liebling trainiert, sollte man sich vergewissern, daß hinter der Nachbarhecke nicht auch ein Vierbeiner ist. Durch den anderen wird die Aufmerksamkeit des Hundes gestört und er kann sich nicht mehr auf das Spiel mit Herrchen konzentrieren. Rex wird abgelenkt, wenn Katzen, Eichhörnchen und Vögel im Gebüsch rascheln.
10. Der Hund merkt sich das Erlernte nur, wenn man ständig mit ihm übt. Täglich sollte man ihn im Rahmen eines Spieles an seine Talente erinnern. Rex übt mit Teresa zu Hause, z.B. das Apportieren des Handys oder Einsammeln von Papier in den Papierkorb, und erinnert sich dann beim Dreh durch eine kurze Probe.
11. Alles, was der Hund falsch macht, ist Schuld des Menschen. Der Mensch muß dem Vierbeiner erklären, was er von ihm möchte. Tut der Zweibeiner dies mangelhaft oder ungenau, wird sich kein Erfolg einstellen.

Müder Hund

„Regiebesprechung“ zwischen Teresa und Rex

„Sitz“ und „gib Pfote“

KAPITEL V

REX UND SEINE FÄLLE

Die Rex-Fälle der ersten Serien-Staffel

Im Herbst 1994 startete die Serie „Kommissar Rex" mit großem Erfolg. Millionen von Menschen schlossen den Vierbeiner mit dem treuherzigen Blick und seinen Kumpel Kommissar Richie Moser sofort in ihr Herz. Gemeinsam konnten Tier und Mensch die kniffligsten Kriminalfälle lösen. In jeder Folge wandte Rex ein anderes Talent an, um den Täter zu stellen.

ENDSTATION WIEN

Im Pilotfilm lernen sich Rex und Richie durch den Tod des Hundeführers erst einmal kennen. Der Hund läßt die Ohren hängen und schenkt seiner Umgebung den traurigsten Blick, den man je sah. Außerdem hinkt er so überzeugend, als ob er wirklich angeschossen worden wäre. Nachdem Richie alias Tobias Moretti Rex aus dem Polizeihundezwinger geholt hat, lebt er bei ihm.
Er schläft bei Richie im Bett und möchte den ganzen Tag nur spielen. Die erste Begegnung mit Stockinger alias Karl Markovics verläuft stürmisch. Je mehr der Kriminalassistent seine Angst zeigt, um so stärker werden Rex' Liebesbeweise. Dem ersten gemeinsamen Kriminalfall steht nichts mehr im Wege. Eine Reihe von Morden deuten auf illegale Ostgeschäfte hin. Bei einem Mord im Wienerwald findet Rex am Tatort ein Büschel schwarzer Haare. Moser, der ahnt, wohin die Spur führt, läßt Rex nach weiteren Haaren dieser Art in der Villa der reichen Unternehmerswitwe Hermine Werner (Christiane Hörbiger) suchen. Als Rex dort eine schwarze Perücke findet, ist der Täter überführt.

Der verletzte Rex trauert um seinen toten Hundeführer

EIN PERFEKTER MORD

Bei einem Wiener Heurigen stirbt der Wirt scheinbar an einem Herzinfarkt. Seine Frau, die Schwägerin, mit der er ein Verhältnis hatte, der Schwager und der Kellner stehen unter Verdacht, als Moser und Dr. Graf, der Gerichtsmediziner (Gerhard Zemann) herausfinden, daß es sich um einen besonders ausgeklügelten Mord handelt. Als die Schwägerin (Veronica Ferres) auch ermordet wird, ist ein starkes Schlafmittel im Spiel. Die Spürnase von Rex, der in der Serie auch als Drogenhund ausgebildet ist, führt die Kriminalisten zur Weste des Mörders, wo noch Reste des Medikamentes zu finden sind. Aufgrund dieser Identifikation durch den Hund können Moser und Stockinger einen dritten Mord verhindern und den Schuldigen verhaften.

FLUCHT IN DEN TOD

Am Stadtrand von Wien wird ein Toter ohne Ausweis gefunden. Seinem Aussehen nach vermutet die Polizei, daß er ein illegaler Einwanderer aus dem Osten ist. Wieder ist es der vierbeinige Schnüffler, der auf der Müllhalde Leichenteile findet und Moser zu den Organhändlern führt. Als er ein Mitglied der Bande verhaften will, wird Richie angeschossen, aber Rex entkommt. Der treue Hund folgt dem Wagen, in dem der verletzte Moser entführt wird. Er findet seinen Herrn schließlich in einem Keller, in den er mutig hineinspringt, um Moser zu retten. Dieser Sprung war, wie in Kapitel 2 beschrieben, für Rex und seine Trainerin wirklich einer der kompliziertesten Tricks. Rex löst seinem Herrn dann die Fesseln und hilft ihm, die Bande zu stellen und die Einwanderer, die als unfreiwillige Organspender in einem Bauernhaus festgehalten worden waren, zu befreien. Als Moser während der Verhaftung vor Schwäche zusammenbricht, zeigt Rex den Assistenten Stockinger (Karl Markovics) und Höllerer (Wolf Bachofner) den Weg zu seinem verwundeten Freund.

Richie Moser rettet die Heurigenwirtin (Christiane Neubauer) mit Rex' Hilfe aus der Donau

Moser hat die Organhändler gestellt

DER TOD DER ALTEN DAMEN

In einem bürgerlichen Bezirk in Wien verschwinden immer wieder alte Damen. Moser stößt bei seinen Ermittlungen auf einen Feinkostladen, der die Abgängigen beliefert. Während Moser die Nachbarin einer dieser Damen vernimmt, freundet sich Rex mit einem Jungen, dem Augenzeugen, an. Für Rex sind die Nachforschungen im Feinkostladen alles andere als erfreulich. Während Herrchen Moser drinnen mit dem Besitzer spricht, muß er draußen bleiben und kann die verlockenden Würste nur durch das Schaufenster betrachten. Moser weiß, daß die ehemalige Besitzerin des Ladens (die Nachbarin der alten Dame, die wahrscheinlich einem Verbrechen zum Opfer gefallen ist) der Schlüssel zur Lösung ist. Rex verfolgt die Frau (Ida Krottendorf). Er tarnt sich perfekt. Moser wieder folgt Rex, der mit einem Funkgerät ausgestattet ist. Die ältere Dame führt Rex und die Polizei schließlich in eine Spielhalle, wo sie ihren Enkel aufsucht, der zwei der drei Damen ermordet hat. Die Spur endet auf einer Großbaustelle, wo Rex als Superschnüffler die Leiche der dritten Frau findet ...

Kommissare auf vier Pfoten sind im Feinkostladen unerwünscht ...

LEBENSMITTEL
NAHVERSORGUNG
NABER
KAFFEE
75 JAHRE
KOPET
Coca-Cola

TANZ AUF DEM VULKAN

Aus der Zahnklinik in Wien wird ein polnischer Häftling während einer Behandlung von einem Komplizen gewaltsam befreit. Bei einer Schießerei mit der Polizei wird dieser Gangster schwer verletzt. Der Häftling Borek flieht alleine und stürmt eine Ballettschule, wo er eine ganze Klasse mitsamt der Lehrerin als Geiseln nimmt. Moser und sein Team müssen die Mädchen und die Frau nun irgendwie aus dieser Zwangslage befreien. Außer Rex kann niemand in den Saal gelangen. Einen Stock tiefer gibt es einen Raum, der genauso angelegt ist wie der, in dem Borek die Geiseln bedroht. Moser zeigt Rex genau, wie er den Killer in der oberen Etage überlisten und stellen soll. Als eine Geisel freigelassen wird, schleicht sich Rex im toten Winkel in den Saal, nähert sich dem Kidnapper unbemerkt und kann ihn überwältigen.

Rex, Richie Moser (Tobias Moretti, l.) und Stockinger (Karl Markovics, r.) haben im Schloßpark von Schönbrunn eine tote Frau gefunden

DIE TOTE VON SCHÖNBRUNN

Im Schloßpark von Schönbrunn wird eine Frau erschlagen aufgefunden. Der verdächtige Tierpfleger Karasek (Hanno Pöschl) erweist sich als unschuldig. Die Polizei sucht nach Hinweisen beim Geliebten der Toten, Frauenarzt Dr. Fuchs (Karlheinz Hackl). Rex rollt absichtlich einen Ball unter den Tisch, damit Fuchs ihn aufhebt und damit seine Fingerabdrücke für Moser und sein Geruch für Rex erkennbar sind. Doch auch Fuchs scheint mit der Sache nichts zu tun zu haben. Als Rex mit seiner feinen Nase am nächsten Tag in einem Laubhaufen die Tatwaffe, einen Ast, identifiziert, läßt Moser alle Verdächtigen in den Schloßpark kommen. Der Hund nimmt Witterung auf und erkennt die Frau des Arztes (Gertraud Jesserer) als diejenige, die aus Eifersucht zugeschlagen hat.

Rex schleicht sich unbemerkt an den Geiselnehmer heran

DIAGNOSE MORD

Im psychiatrischen Krankenhaus am „Steinhof" kommen Alkoholpatienten unter ungeklärten Umständen ums Leben. Um die Fälle klären zu können, läßt sich Richie Moser als Alkoholiker inkognito in die Klinik einweisen. Rex vertraut er für diese Zeit dem Assistenten Stockinger an. Krank vor Sehnsucht nach seinem Herrchen macht sich der Hund auf die Suche und findet Richie tatsächlich. Dieser quartiert den Vierbeiner heimlich in einer Bauhütte ein. Moser kommt schließlich dem Pfleger auf die Schliche, der einige Zeit zuvor Frau und Kind bei einem Unfall durch einen alkoholisierten Autofahrer verloren hat. Der Pfleger will nun auch Moser ermorden, indem er ihm eine tödliche Spritze verabreicht. Bevor der verwirrte Täter allerdings zustechen kann, springt Rex durch die Fensterscheibe des Krankenzimmers und reißt den Mörder zu Boden.

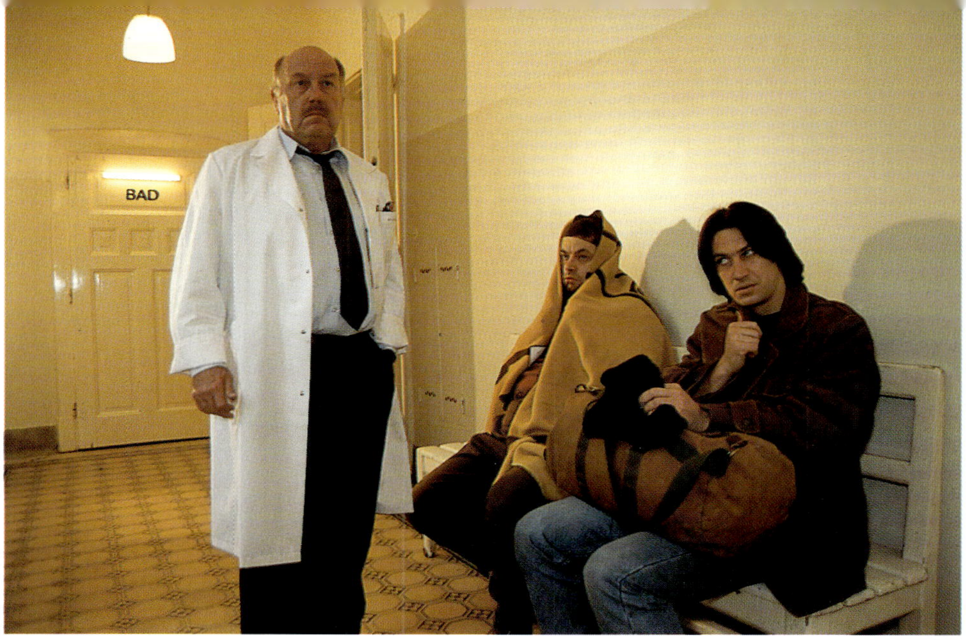

Richie Moser (Tobias Moretti, r.) ermittelt verdeckt im psychiatrischen Krankenhaus

EIN FEINES HAUS

Nach einer Silvesternacht wird eine erhängte Frau auf dem Dachboden gefunden. Moser und Rex sind von ihrer eigenen Silvesterfeier ziemlich verkatert. Die Umstände zeigen der Polizei, daß bei diesem „Selbstmord" von fremder Hand nachgeholfen wurde. Die Bewohner des Hauses halten vorerst zusammen und geben sich sehr nobel und zurückhaltend. Erst nach und nach stellen die Ermittler fest, daß auch in diesem feinen Haus nicht alles stimmt. Während die Hausparteien vernommen werden, durchsucht Rex den Dachboden und bemerkt, daß es aus einem alten Kühlschrank nach Mensch riecht. Tatsächlich kann Moser daraus einen Obdachlosen befreien, der auf der Suche nach einem Kumpel überfallen und hineingesteckt worden war. Doch Rex mit seiner untrüglichen Nase ist bereits unterwegs in den Hof. Im Brunnenschacht erschnüffelt er den toten Freund des Stadtstreichers – ermordet von den „feinen" Herren des Hauses, die auch die Zeugin dieser Tat umgebracht und einen Selbstmord vorgetäuscht haben.

Hund und Herrchen haben am Neujahrsmorgen einen „Kater"

Stefan Lanz (Gedeon Burkhard) bedroht seine Sex-Gespielin Sylvia Hohenberg (Anne Kaspritz)

AMOK

Eine Gruppe von Yuppies hat sich in Zeiten von AIDS zur Gewohnheit gemacht, sexuell nur untereinander zu verkehren, um das Risiko der Krankheit auszuschalten. Als Stefan Lanz, einem Mitglied dieser Gemeinschaft, nach einer Operation zweimal Blut abgenommen wird, beginnt dieser mißtrauisch zu werden.
Er verschafft sich Einblick in seine Krankengeschichte und erkennt sich als HIV positiv. Obwohl ihm die Schwester den Sinn der zweiten Blutprobe erklärt, daß nämlich erst nach dieser Analyse vollständige Klarheit herrschen könne, verläßt Lanz in blinder Wut das Spital. Er ist überzeugt, daß einer aus der „Sexgruppe“ fremdgegangen ist. Er erschießt zwei seiner Freunde und folgt der jungen Sylvia auf das Schloß, wo die Gruppe ihre Wochenenden verbrachte. Moser erkennt die Zusammenhänge und versucht, im Schloß das Schlimmste zu verhindern. Lanz hat Sylvia bereits verletzt und möchte sie nun töten. Moser hält Rex an, den Amokschützen mit dem Trick „Erschrecken“, den er vorher mit ihm trainiert hat, abzulenken. Rex schleicht sich von hinten auf leisen Pfoten an und bringt Lanz durch sein Bellen aus der Fassung. Moser kann ihn nun überwältigen. Als der verhaftete Lanz erfährt, daß er gar kein AIDS hat, bricht er zusammen. Sylvia wird im Krankenhaus von ihren „Rettern auf sechs Beinen“ besucht. Rex überreicht einen Blumenstrauß, wie bei Freiherrn von Knigge beschrieben.

Stockinger, Moretti und Rex sind in den Kellern Wiens auf Verbrecherjagd

DER ERSTE PREIS

An einem Teich im Prater wird ein totes Mädchen gefunden, das nach einer Konzertmatinee verschwunden war. In einem Wiener Gymnasium hat die kleine Christl Strobl beim Klavierwettbewerb den ersten Preis gewonnen und läuft nach Hause, um ihn der Mutter zu zeigen. Diese ist nicht zuhause. Christl hat plötzlich eine Idee, wem sie sich mitteilen könnte und verschwindet ebenfalls spurlos. Im Keller, der einige Häuser miteinander verbindet, finden Moser und sein Team schließlich ihre Leiche. Die Medaille für den Ersten Preis bleibt verschwunden. Bei der Suche stürzt ein Balken ein und Rex wird unter den Trümmern begraben. Erleichtert diagnostizieren Moser und Stockinger nur eine leichte Gehirnerschütterung.

Diana Neuwirth (Nina Franoszek) wird von Moser über die explodierenden Teddybären befragt

Erst verdächtigen die Kriminalisten den Klavierlehrer Hoffmann (Helmut Zierl), der aber doch ein Alibi vorweisen kann. Moser muß die Medaille finden, um den Mörder zu fassen. Er durchquert mit Rex den Keller und gelangt auf der anderen Seite in ein Haus, in dem ein Musiker wohnt, den Christl sehr bewundert hat. Während Moser mit ihm spricht, findet Rex in einer Ritze des Fußbodens die Medaille.

TÖDLICHE TEDDYS

In einem Spielwarengeschäft explodiert ein Teddybär. Bei einem ähnlichen Vorfall in einem Kaufhaus hat sich Moser das Bein gebrochen. Er liegt im Bett und wird von Rex rührend versorgt. Dieser kauft ein, öffnet die Eingangstür und kümmert sich um die Wäsche. Der Beinbruch hält Moser aber nicht davon ab, im Fall der Teddybären zu ermitteln. Er vermutet Racheakte von entlassenen Mitarbeitern an der Teddybären-Firma. Um die attraktive Chefin der Firma zu befragen, bittet Moser diese zu sich in die Wohnung. Rex ist sofort eifersüchtig und überwacht jeden Schritt von Diana Neuwirth (Nina Franoszek) mit Argusaugen. Immer wenn sie Richie zu nahe kommt, stellt oder setzt er sich einfach dazwischen. Während Diana bei Moser ist, telefoniert sie mit Paul Steger. Der ehemalige Geliebte Dianas wird in der Fabrik niedergeschlagen. Als die Polizei die Fabrik erreicht, entlarvt Moser die technisch versierte Diana. Sie hat auch die dritte Bombe gelegt, die gleich in der Fabrik explodieren wird. Telefoniert hat sie nicht mit Steger, sondern mit einem Tonband. Rex läuft in die Fabrik, um den Teddy zu finden, Moser humpelt ihm nach. In letzter Minute kann der clevere Vierbeiner die Bombe finden und beseitigen.

BRING' MIR DEN KOPF VON BEETHOVEN

Am Zentralfriedhof in Wien ist der Totenschädel Ludwig van Beethovens aus dem Grab gestohlen worden. Der Steinmetz Nemec, der den Kopf im Auftrag eines Antiquitätenhändlers geholt hat, wird unmittelbar darauf tot aufgefunden. Moser verwirrt die Täter mit der Zeitungsente, daß Beethovens Kopf zerfallen sei. Ein Bonbonpapier, das Rex gefunden hat, führt die Polizei zu Kronhauser (Ernst Stankovski). Nachdem sein Auftraggeber Strasser glaubt, Kronhauser habe ihm einen gefälschten Kopf verkauft, will dieser sein Geld zurück und ermordet den Händler. Strasser hat ein Mädchen als Geisel genommen, um mit dem Kopf zu entkommen, da er die Echtheit des Schädels erkannt hat. Nachdem das Mädchen frei ist, will Strasser die Reliquie aus großer Höhe zu Boden werfen und zerstören. Doch Rex fängt den Sack mit dem kostbaren Inhalt im Sprung auf.

Moser, Rex und Stockinger suchen den Kopf von Beethoven

Erika Reichel (Witta Pohl) verschweigt etwas

UNTER DEN STRASSEN VON WIEN

Im weitläufigen Wiener Kanalnetz machen Arbeiter einen grausigen Fund: die Leichenteile eines Mannes. Moser steigt mit Rex in die „Unterwelt" ein und dieser zeigt ihm mit Hilfe der „Totmannstellung" (aufrecht auf vier Pfoten stehen, Schnauze auf den Boden), wo die Leiche gelegen hat. Als der Rumpf der Leiche auftaucht, führt die Spur zur Bankangestellten Erika Reichel (Witta Pohl), an deren Arbeitsplatz der Ermordete einen Raubüberfall begangen hat.
Die Bekanntschaft des Toten mit dem Liebhaber von Erika Reichel, Hans Felber, läßt Moser dann die Zusammenhänge erkennen. Felber brachte den Mann um, weil er das erbeutete Geld nicht hatte teilen wollen. Der Mörder versucht, mit der Beute durch Wiens Kanäle zu entkommen. Doch da hat er nicht mit Rex' Geruchssinn gerechnet. Auch im Abwasserkanal ist Rex imstande, die Witterung eines Menschen aufzunehmen. Nach einer abenteuerlichen Verfolgungsjagd bringt Rex Felber im Becken des Wienflusses zur Strecke.

SCHÜSSE AUF REX

Moser stellt am Südbahnhof einen lange gesuchten Verbrecher. Am nächsten Morgen will er seine Aussage machen, um den Täter endlich festzunageln und hinter Gitter zu bringen. Doch bevor er dies tun kann, wird Rex beim Einkauf von Wurstsemmeln in der Bäckerei von einem Handlanger des Syndikates mit einem Betäubungsgewehr außer Gefecht gesetzt und entführt. Die Entführer fordern Mosers Schweigen gegen Rex' Leben. Moser zieht die Aussage zurück und der mutmaßliche Mörder wird auf freien Fuß gesetzt. Während des Telefonates mit den Kidnappern hört Moser das Geräusch von Flugzeugmotoren. Gemeinsam mit den Kollegen sucht er in der Nähe des Flughafens nach Rex. Dieser hat sich, wieder wach, aus dem Entführerauto befreit und mit einem kleinen Jungen angefreundet. Als der Junge ihn allein läßt, versteckt sich Rex vor den Killern. Mit Hilfe des neuen Freundes von Rex finden Moser und Stockinger den Hund und machen die Entführer unschädlich. Während dessen werden die Drahtzieher des Verbrechens am Flughafen verhaftet.

Ein Junge (Andreas Jägersberger) kann bei der Befreiung von Rex helfen

Die Rex-Fälle der zweiten Serien-Staffel

Rex ist wieder da. Nach der Wiederholung der ersten Staffel im Sommer hatte er einige Monate Pause. In den neuen Folgen erlebt er wieder spannende Fälle, die er mit seiner besonderen Schnüffelnase und Herrchen Richie Moser löst.

Richie Moser lernt die Tierärztin Sonja Koller (Daniela Gaets) kennen

STUMME SCHREIE

Moser sucht für sich und Rex ein Haus am Stadtrand von Wien. Er möchte Rex mehr Auslauf und viel Grün bieten. Als er sich in einer Siedlung ein bißchen umschaut, lernt er die Tierärztin Sonja Koller (Daniela Gaets) kennen, die ihm ein paar Auskünfte über ein bestimmtes Haus gibt. In Rex erwacht sofort die Eifersucht. Lange dauert die ländliche Idylle nicht. Moser soll mit Rex das Verschwinden mehrerer kleiner Mädchen klären. Die Spur führt in den Prater. Eines der Kinder, das nach 5 Tagen wieder aufgetaucht ist, spricht seither nicht mehr. Moser setzt bei der behandelnden Ärztin in der Kinderklink durch, Rex während der Therapie bei dem Mädchen zu lassen. Es freundet sich mit Rex an und führt die Polizei schließlich auf die richtige Fährte.

Die Spur führt in das Kaffeehaus von Irene Neumann (Christine Schuberth)

EIN MÖRDERISCHER SOMMER

In den Donauauen wird ein ermordetes Liebespaar gefunden. Moser und Rex müssen ihre Übersiedelungsarbeiten ins neue Haus unterbrechen, um sich dieses Falles anzunehmen. Da es ein Jahr zuvor bereits ein ähnliches Verbrechen gegeben hat, entschließt sich Moser, verdeckt in den Auen zu ermitteln. Um die Tarnung perfekt aussehen zu lassen, bittet er eine Kollegin der Jugendpolizei, Elisabeth Böhm (Sabine Petzl), ihn bei seiner Arbeit zu begleiten. Rex, Böhm und Moser übernachten in den Auen und die Gefahr kommt wieder leise durchs Wasser. Doch Rex verfolgt die Spur und entlarvt den Mörder.

BLUTSPUREN

Rex und Moser haben ein Haus gemietet, Rex ist sehr glücklich mit der neuen „Hundehütte". Da wird ein Toter auf den Bahngleisen gefunden. Moser glaubt nicht an einen Unfall vor Ort und tatsächlich findet Rex Spuren, die auf einen Mord hinweisen.

Nach einem Gespräch mit der Frau und der Freundin des Toten verfolgen Moser, Rex und Stockinger den üblichen Heimweg des Verstorbenen zurück und finden ein beschädigtes Auto mit Blutspuren. Der Tote wurde mit diesem Auto überfahren. Zuerst wird ein Verbrechen aus Eifersucht vermutet. Der seltsame Todesfall führt die Ermittler in eine Autowerkstätte und zu einem weiteren Mord. Rex kann sich im Lastwagen eines Verdächtigen verstecken, der ihn direkt zum Mörder führt.

TÖDLICHE VERFÜHRUNG

Der deutsche Industrielle Holzmann ist nicht nur in Wien, um Sehenswürdigkeiten zu fotografieren, er interessiert sich auch für Bilder junger Männer. Als er den attraktiven Verkäufer Meixner kennenlernt, schießt er von ihm einige Fotos im Volksgarten. Kurz darauf wird Holzmann ermordet in seinem Hotelzimmer aufgefunden. Moser und seine Assistenten vermuten zuerst ein Verbrechen im Homosexuellen-Milieu. Doch dann betrachten sie die Fotos, die Holzmann gemacht hat näher und konzentrieren sich auf das Geschehen im Hintergrund. Max Koch (Fritz Muliar) und Rex beobachten daraufhin im Volksgarten seltsame Vorgänge.

Der Geschäftsmann Bernd Holzmann (Michael König, l.) hat eine Schwäche für den jungen Meixner (Klaus Händl, r.)

Hat Karla Wilke (Senta Berger) etwas mit dem Mord im Kosmetiksalon zu tun?

DER MASKIERTE TOD

In einem Kosmetiksalon stirbt die Freundin der Industriellenwitwe Karla Wilke (Senta Berger) unter mysteriösen Umständen. Die Gerichtsmedizin stellt fest, daß Renate Ofner erstickt wurde. Moser vernimmt Karla in deren Villa, wo sie mit Sohn Sascha lebt. Der Verdacht fällt vorerst auf Karla und ihren Freund, den Anwalt Dr. Baumann, der vor der Bekanntschaft mit Karla ein Verhältnis mit ihrer ermordeten Freundin hatte. Die Wende in diesem Fall tritt ein, als der Polizei klar wird, daß es der Mörder im Kosmetiksalon nicht auf Renate Ofner abgesehen hatte.

DIE BLINDE ZEUGIN

Die blinde Telefonistin eines Hotels in der Wiener Innenstadt wird am Telefon Zeugin eines Mordes an einem deutschen Manager. Am Akzent des Mörders und durch den Inhalt des Gesprächs kann Brigitte Heinrich (Maria von Blumencron) erkennen, daß es sich um eine illegale Aktion in der Slowakei handelt, die der Manager Klaus Schuhmann aufdecken wollte. Während Moser und Stockinger in diesem Giftmüllskandal in der Slowakei ermitteln, bleibt Rex bei dem blinden Mädchen, um aufzupassen. Wie sich bald zeigt, nicht ohne Grund. Die Täter fühlen sich entlarvt und versuchen, Brigitte Heinrich aus dem Weg zu räumen. Doch Rex erweist sich auch als vortrefflicher Blindenhund.

Rex beschützt die blinde Brigitte Heinrich (Maria v. Blumencron)

GEFÄHRLICHE JAGD

Zwei junge Männer aus eher tristem Milieu verüben einen Banküberfall, wobei ein Geldbote durch die Maschinenpistole des einen tödlich getroffen wird. Es kommt zu einer Schießerei und einer der Bankräuber wird getötet. Moser und Stockinger beginnen die Ermittlungen im Gemeindebau, in dem der tote Räuber gewohnt hat. Dort hoffen sie, den flüchtigen Mörder und Räuber zu finden. Obwohl die Bewohner des Hauses schweigen, entdeckt Rex den Fluchtweg des Mannes. Moser versucht, ihn zu stellen. Der Verbrecher erkennt Moser, der ihn schon einmal verhaftet hat, und versucht, ihn zu töten. Rex kann dies verhindern, doch der Mann flüchtet erneut. Die Verfolgungsjagd geht weiter zum Wiener Wasserturm, wo sich der Mörder und Moser alleine gegenüberstehen. Moser gerät in eine scheinbar ausweglose Situation. Zum Glück ist Rex in der Nähe.

Großeinsatz im Gemeindebau nach einem Banküberfall

TOD EINES KINDES

Außerhalb der Badesaison wird in einem Wiener Freibad ein totes Mädchen gefunden, das Würgemale aufweist und offensichtlich ertrunken ist. Die Ungereimtheiten des Tatherganges sind groß. Das Wasser in den Lungen des Kindes stimmt nicht mit der Probe aus dem Becken überein. Außerdem findet Rex keine Spuren. Für den Ertrinkenstod der Kleinen kommt nur das Naturbad in Frage. Bei den Ermittlungen dort findet Rex tatsächlich die Geldbörse des Mädchens. Die Fäden scheinen in einem Bonbonladen zusammenzulaufen, in dem das Kind oft Süßes gekauft hat. Als Rex das Mordwerkzeug findet, steht der wahre Täter plötzlich fest.

Die Wasserprobe bringt Rex, Stockinger und Moser auf die richtige Spur

IM ZEICHEN DES SATANS

Im Heidegebiet nahe bei Wien werden Frauenleichen ausgegraben, deren Art der Bestattung auf Sektenmorde hindeutet. Die Spur einer weiteren verschwundenen jungen Frau führt zur Sektenzentrale. Bei den Recherchen Mosers im Schloß, wo die Satansjünger ihr Unwesen treiben, treffen der Kommissar und seine Assistenten auf eine Anhängerin, die offensichtlich in Lebensgefahr schwebt. Kurz bevor sie geopfert werden soll, können Moser und sein Team die Frau aus den Klauen der Verbrecher befreien. Moser flüchtet mit Rex und ihr in sein Haus, um sie dort zu verstecken. Doch die Killer sind ihnen auf der Spur.

In der Heide werden Frauenleichen gefunden

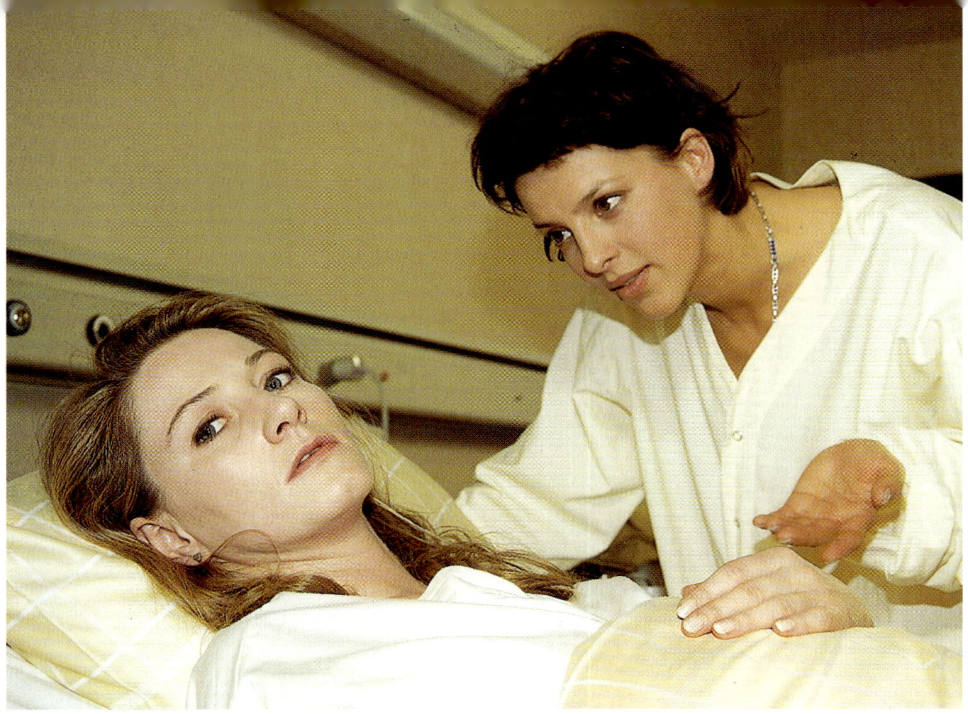

Elisabeth Böhm (Sabine Petzl, r.) versucht etwas aus Silvia Lorenz (Gabriela Benesch, l.) herauszubekommen

DER DUFT DES TODES

Die 28jährige Erika Burgstaller wird in ihrer Wohnung erdrosselt aufgefunden. Irgendein Geruch liegt in der Luft, der Rex „stinkt", als die Polizei die Wohnung untersucht. Der Gerichtsmediziner stellt fest, daß es sich um „Moschus" handelt. Ein geheimnisvoller Geliebter, der in Scheidung lebt, beschäftigt Moser und sein Team. Als eine junge Frau, die den gleichen Ring besitzt wie die Ermordete, einen Selbstmordversuch macht, schleust Moser seine Kollegin Elisabeth Böhm in ihr Krankenzimmer. Auch sie spricht über einen geheimnisvollen Mann. Als eine dritte Betroffene auf der Bildfläche erscheint, suchen Moser und Stockinger den Mann auf. Das Geheimnis wird schließlich durch den hervorragenden Geruchssinn von Rex gelüftet.

ENTFÜHRT

In einem Einfamilienhaus außerhalb von Wien findet ein Alteisensammler den Rentner Franz Pichler erschlagen auf. Als Moser und sein Team die Zusammenhänge dieses Mordes recherchieren, erkennen sie, daß dieser Mord und die Entführung des Industriellen Erich Staller (Rolf Hoppe) von denselben Tätern verübt worden sind. Pichler kam den Entführern offensichtlich auf die Spur und mußte seine Neugier mit dem Leben bezahlen. Um die Verbrecher zu fangen, beschatten die Polizisten die Frau des Entführten, Heidi Staller (Daniela Ziegler), als diese das Lösegeld übergeben soll. Unauffällig folgt Rex einem der Täter und führt seine menschlichen Partner schließlich zum Drahtzieher des Verbrechens.

Rex verfolgt die Gattin des entführten Industriellen (Daniela Ziegler)

TÖDLICHE DOSIS

Der Tierarzt Dr. Hausner bricht beim Aussteigen aus der Straßenbahn tot zusammen. Als Gerichtsmediziner Dr. Leo Graf einen Einstich in Hausners Achselhöhle findet, steht fest, daß Hausner ermordet worden ist. Da der Tote sowohl eine Ehefrau als auch eine Geliebte hatte, schließen die „vier Musketiere auf zehn Beinen" zuerst auf ein Verbrechen aus Eifersucht. Das Team beginnt in der Tierärztlichen Hochschule zu ermitteln. Als an Hausners Arbeitsplatz aber ein Beagle-Weibchen gefunden wird, freundet sich Rex mit diesem an. Gemeinsam können Moser und Rex scheußliche Verbrechen an den jeweiligen Artgenossen verhindern.

Rex hat eine Beagle-Hündin gefunden, die sich seltsam verhält

DREI SEKUNDEN BIS ZUM TOD

Richie Moser hat sich eine schwere Grippe zugezogen und wird von Rex rührend gepflegt. Als am Wiener Naschmarkt ein Händler erschossen wird und dann auch noch ein Geschäftsmann, dessen Frau am Naschmarkt ein Wirtshaus betreibt, ermordet aufgefunden wird, ermittelt der halbgenesene Moser inkognito als Gemüseverkäufer am Naschmarkt. Bald macht er Bekanntschaft mit einer Verbrecherbande, die Irina, die Frau des toten Geschäftsmannes, bedroht. Als Moser versucht, Irina zu beschützen, schlagen ihn die Mafiosi zusammen und nehmen ihn und Irina als Geiseln. Doch die Assistenten und Rex machen sich auf die Suche.

Max Koch (Fritz Muliar, l.) und Moser ermitteln verdeckt auf dem Naschmarkt

WIEN

Die kleine Sabine (Sabine Muckenhuber, m.), ihre Mutter (Elisabeth Lanz, r.) und die Großmutter (Hilde Sochor, l.) haben Angst

ÜBER DEN DÄCHERN VON WIEN

Am Ufer des Wienflusses wird ein ausgebrannter Wagen mit einer völlig verkohlten Leiche gefunden. Die Frau kann nur noch durch ihren Schmuck identifiziert werden. Die Spuren, die Rex am Unfallort findet, verwirren die Kriminalisten zunächst. Auch der Ehemann der Toten erzählt Ungereimtheiten. Angeblich weiß er nichts davon, daß seine Frau schwer krank war. Moser überlegt, ob es sich um Selbstmord oder Mord handelt. Die Ermittlungen führen ins Rotlichtmilieu. Als Stockinger mit Rex in einer Bar ein Foto findet, kennt Moser den Grund für den raffinierten Mord. Im letzten Moment kann Rex den Fall durch eine waghalsige Aktion aufklären.

Rex findet in einem ausgebrannten Autowrack verdächtige Spuren

STOCKIS LETZTER FALL

In einem Wiener Gerichtsgebäude wird einer Richterin die Kehle durchgeschnitten. Wenig später ereilt eine Ärztin das gleiche Schicksal. Mittlerweile versucht der gewalttätige, arbeitslose Haas, seine Ex-Frau und seine Tochter zu finden, um sich an seiner Familie zu rächen. Der rasende Haas ist auf dem Weg in den Kindergarten. Für Moser und Rex beginnt ein Wettlauf mit der Zeit.

Was zeigt uns Rex alles in der 2. Staffel?

... Rex verteilt Wurstsemmeln
... stiehlt Wurstsemmeln
... spielt Frisbee
... springt auf fahrende Züge und Lastwagen
... zeigt Eifersucht
... ist Therapiehund für Kinder
... schnüffelt als Drogenhund
... versucht sich als Basketballspieler
... zerbeißt und versteckt Schuhe
... springt durchs Fenster in einen Kindergarten
... holt Holz für den Kamin
... hängt sich an Stockingers Hosenbein

TIPS

Versuchen Sie jetzt nicht, aus Ihrem vierbeinigen Freund einen „Wunderhund“ zu machen. Viele Dinge, die Rex in der Serie tut, sind gespielt und nicht echt. Jede Rasse hat ihre ganz besonderen Eigenheiten. Wenn Sie Ihrem Hund etwas beibringen wollen, muß das auch zu seinem Wesen passen. Sie sollten auch nicht den Ehrgeiz entwickeln, Ihren Vierbeiner im Erwachsenenalter zum Superhund auszubilden. Eine geduldige, einfühlsame Erziehung im „Kindesalter“ reicht für Ihr Haustier völlig aus. Rex selbst ist auch kein ausgebildeter Polizei-, Schutz-, Fährten- und Drogenhund. Wenn Ihr Liebling die einfachen Dinge erfüllt, die Sie sich von ihm wünschen, wie „sitzen“ und „apportieren“, dann können Sie durchaus mit ihm zufrieden sein.

KAPITEL VI

Rex - Drehnotizen

Zwei Jahre lang lebte Rex mit seinem Produktionsteam zusammen. Bis auf wenige Ausnahmen sind die Mitglieder der „Rex-Familie“ auch dieselben geblieben. Da an 5 Tagen der Woche jeweils 12 Stunden gedreht wurde, war der Kontakt untereinander sehr intensiv. Man hielt in Freud und Leid zusammen. Einige der freudigen Momente und heiteren Situationen sollen hier präsentiert werden.

MORDPREMIERE

Gusti Wolf und Jane Tilden spielten in der 3. Folge zu „Kommissar Rex“ zwei alte Damen, von denen eine gewaltsam ums Leben kam. Für die junggebliebene Gusti Wolf war diese Arbeit ein berufliches Debüt. In ihrer langen Karriere hatte sie noch nie eine Rolle gespielt, die für sie mit ihrer Ermordung endete: „Ich war schon oft ein Opfer, aber Mordopfer war ich noch keines.“

SCHMERZHAFTES SOUVENIR

Aber Mordopfer Gusti Wolf nahm von ihrem Rex-Dreh etwas Unangenehmes mit. Nach dem letzten Drehtag reiste sie mit einer Freundin in die USA. Die große alte Dame der österreichischen Film- und Theaterszene mußte für die Serie vor der Kamera stürzen, was die rüstige 80jährige auch ohne Murren tat. Jenseits des „Großen Teichs“ holte sich Gusti, wie sie liebevoll vom Rex-Team genannt wurde, eine schwere Grippe und konsultierte einen Arzt. Der Doktor verschrieb ihr etwas gegen Husten und Halsweh und stellte ganz nebenbei fest, daß Gusti Wolf sich bei ihrer artistischen Vorführung vor der Kamera wohl eine Rippe gebrochen haben mußte! Die Wienerin, seit jeher stark im Nehmen, hatte die Verletzung überhaupt nicht bemerkt.

Gusti Wolf (l.) und Jane Tilden (r.) als wohlhabende Damen beim Kaffeeklatsch

super 16

HITCHCOCK-ANLEIHEN

Wolfgang Dickmann zeichnete nicht nur für die Kameraführung verantwortlich, sondern verewigte sich auch à la Hitchcock. Dem Krimimeister gleich, tauchte er als Komparse immer wieder auf, indem er beispielsweise Eis schleckend durchs Bild ging oder einen neugierigen Passanten mimte. In der Zwischenzeit werkelte Assistent Gerald Liegel hinter der Kamera, während der Boß davor seine Minirollen spielte.

DOPPELTER POLIZEIEINSATZ

„Auf der Großbaustelle Meiselmarkt im 14. Wiener Gemeindebezirk ist eine Mauer eingestürzt, es gibt 4 Tote." Pausenlos klingelte am Bezirkskommissariat das Telefon und die Anrufer berichteten von diesem Unfall. Die meisten dieser pflichbewußten Bürger konnten aber von den informierten Beamten mit dem Hinweis darauf beruhigt werden, daß es sich um Dreharbeiten handele. Schließlich alarmierte aber jemand von den „Beobachtern" den nicht eingeweihten Bezirksvorsteher. Mit Blaulicht mußte eine Abordnung von uniformierten Polizisten an den vermeintlichen Unfallort ausrücken. Dort stellten die Herren allerdings erleichtert fest, daß es sich nur um eine Szene aus „Kommissar Rex" handelte, die mit Film- und Original-Polizisten, Polizeiautos und vier Särgen auf der Großbaustelle gedreht wurde.

Kameramann Wolfgang Dickmann (l.) und Regisseur Oliver Hirschbiegl (r.)

KOMPETENTER KOMPARSE

Obwohl es bei den Dreharbeiten am Set von Komparsen nur so wimmelte, war das Rex-Team ab und zu auf besondere Statisten angewiesen. Ein Beamter der Wiener Spurensicherung, der in

Großeinsatz auf der Baustelle

beratender Funktion über die Dreharbeiten wachte, kam unvermutet zu schauspielerischen Ehren. Beim Fund von drei Leichen sollte einer der anwesenden Schauspieler-Polizisten den Ort sachkundig fotografieren. Doch der echte Inspektor fackelte nicht lange, stellte seine Bemühungen, die Laien zu unterweisen, ein und griff selbst zur Fotokamera, um konzentriert und kompetent sich selbst zu spielen.

DREH IM FEINKOSTLADEN

In der Folge „Tod der alten Damen" spielte auch ein echter Wiener Greißlerladen eine gewichtige Rolle. Kommissar Richie Moser, gespielt von Tobias Moretti, und sein Assistent müssen laut Drehbuch in das Feinkostgeschäft gehen und sagen: „Vier Wurstsemmeln bitte!" Nachdem der Darsteller, der die Rolle des Verkäufers spielte, noch nicht am Drehort war, blieb die echte Verkäuferin während einer Probe hinter dem Tresen stehen. Laut ihren Text memorierend, betraten die beiden Schauspieler immer wieder das Geschäft, wobei sie den Satz mit den Wurstsemmeln jeweils wiederholten. Die arme Frau begann, eine große Anzahl von Brötchen aufzuschneiden, bis sie von der Regieassistentin über die Wiederholungen aufgeklärt wurde.

VERSPIELTER HUND

In der Folge „Flucht in den Tod" konnte man ganz deutlich sehen, daß der vierbeinige Hauptdarsteller wirklich Spaß an der Arbeit hatte. Damit „Film-Herrchen" Richie Moser, alias Tobias Moretti, filmreif in Erfüllung seiner Pflicht von einem Ganoven angeschossen werden konnte, mußte vorab gründlich geprobt werden. Immer, wenn Moretti sich schmerzverzerrt zu Boden fallen ließ, vermutete sein vierbeiniger Filmpartner eine neue Art von Spiel. Ständig versuchte er, seinen Platz zu verlassen, um sich mit Freund Tobias auf der Erde herumzubalgen. Erst ein Ausflug mit Trainerin Teresa Ann Miller in den nahegelegenen Wienerwald ließ wieder den nötigen Ernst am Drehort und bei Rex einkehren.

Moser wurde angeschossen

Stockinger und Moser ermitteln im Lebensmittelladen

VIERBEINER AM FERNSEH-SCHIRM

Auch ein Hauptdarsteller braucht seine Freizeit. Schäferhund „Reginald von Ravenhorst" gesellte sich nach Drehschluß oft zu seiner Trainerin Teresa Ann Miller, um ein bißchen fernzusehen. So ganz hatte sich der TV-Star allerdings am Anfang noch nicht an sein Medium gewöhnt. Immer, wenn ein „Kollege" auf dem Schirm erschien und dann irgendwann aus dem Bild verschwand, erhob sich Rex verwirrt von seinem Stammplatz, um den befreundeten Vierbeiner zu begrüßen, der ja zweifelsohne hinter dem Fernsehgerät sitzen mußte!

Teresa und Rex unternehmen alles gemeinsam

IMMER IM EINSATZ

Für Rex bedeuteten die Dreharbeiten vor allem Spiel und Spaß. Die Freude an seiner Arbeit dokumentierte er, indem er jede Gelegenheit nutzte, um seinen Trainern und dem gesamten Team zu verstehen zu geben: „Ich möchte zum Set fahren." Da er sich ja nicht mit Worten verständlich machen kann, setzte er sich einfach ins Auto auf seinen Platz. So konnte man ihn seiner Ansicht nach nicht vergessen.

Explosion auf dem Haas-Haus

PANIK AM STEPHANSPLATZ

Wenn es im Film kracht, raucht und „Action“ gibt, dann darf einer nicht fehlen: Willi Neuner. Der Meister für Spezialeffekte in zahlreichen James-Bond-Streifen hatte auch bei Kommissar Rex seine geschickten Hände im Spiel. Eine realistisch wirkende Schießerei auf dem Dach des Wiener Haas-Hauses und eine Explosion am Stephansplatz ließen so manchen erschrockenen Passanten Momente lang glauben, im Herzen Wiens hätte wirklich ein Attentat stattgefunden.

Action über den Dächern der Innenstadt. Der Bösewicht Spitzer (Alexander Strobele) wird gestellt

SCHÜTTELREIM

Zur Pilotfolge waren zwei Gaststars angereist. In einer Villa am Wiener Stadtrand sollten sie vor der Kamera unter anderem ein Streitgespräch führen. Christiane Hörbiger, im Krimi eine etwas undurchsichtige Witwe im Rollstuhl und ihr Partner Robert Dietl als Hofrat Schrödinger, der in Ost-West-Geschäfte verwickelt war, führten diesen Dialog im gediegenen Arbeitszimmer der

Hofrat Schrödinger (Robert Dietl) und Hermine Werner (Christiane Hörbiger)

DIE GLOCKEN VON ST. STEPHAN

Ein langer Drehtag lag hinter dem Filmteam. Eine einzige Einstellung mußte an diesem hektischen Freitag allerdings noch abgedreht werden. In die atemlose Stille des Drehs platzte – eine Viertelstunde vor 18 Uhr – das Geläut des Wiener Stephansdomes. Kaum waren diese Töne verklungen, stimmten die umliegenden Gotteshäuser ihre Glocken an. In ihrer Verzweiflung brüllte die zweite Regieassistentin den folgenden Satz zu ihrem Regisseur herüber, der vom gesamten Team mit einem Lachanfall beantwortet wurde: „Soll ich jetzt immer noch sagen: Ruhe, wir drehen?“

Spielzeug wirkt immer beruhigend

Witwe Hermine Werner. Dietl hätte Christiane Hörbiger aufgeregt den Satz an den Kopf werfen sollen: „Und Du hast den Spitzer zu der Tat angestiftet." Dem versierten Schauspieler kam aber der Text durcheinander. „Du hast den Stifter zu der Tat angespitzt", warf er seiner Partnerin vor. Worauf es Christiane Hörbiger – bei aller Contenance – unmöglich war, ernst zu bleiben.

HUNDEALLÜREN

Wenn Trainerin Teresa Ann Miller das Mißverständnis nicht aufgeklärt hätte, wären Zyniker vielleicht auf die Idee gekommen, Rex leide unter Starallüren. Immer, wenn sich Menschen vor einer Kamera bewegten, egal ob für Foto oder Film, und Rex nicht mit im Bild sein konnte, begann er leise, aber herzzerreißend zu winseln. Doch die Tierkennerin Teresa versicherte, daß er nur deshalb traurig sei, weil Kamera für ihn Spiel bedeutet. Wenn nun jemand vor diesem Zaubergerät für Hunde steht, wo immer Spaß und Action für einen tierischen Hauptdarsteller zu erwarten ist und er nicht dabei sein darf, glaubt Rex, er sei ausgeschlossen und dürfe nicht mitspielen. Teresa löste das Problem ihres Schützlings auf ihre Weise. Immer, wenn diese Situation eintrat, hatte sie eines der zahlreichen Quietschtiere parat, mit dem er sich dann eingehend beschäftigte.

Gute Stimmung bei der „Heurigenfolge“ mit Christine Neubauer (l.) und Veronica Ferres (r.)

BESCHWINGTE DREHARBEITEN

Es ist eine verlockende Aussicht, im September, bei spätsommerlichen Temperaturen, einen Wiener Heurigen zu besuchen. Als für die Heurigen-Folge in einem dieser Weinlokale gedreht wurde, sorgte allein die Atmosphäre des Lokals bei Team und Schauspielern für gute Laune. Am zweiten Drehtag waren einige Fotografen aus Deutschland und Österreich gekommen, um Tobias Moretti, Rex und die Darstellerinnen der Gastrollen, Veronica Ferres und Christine Neubauer, zu fotografieren. Während die Journalisten auf die Drehpause warteten, um ihre Aufnahmen machen zu können, zogen sie sich in den Garten des Lokals zurück und bestellten bei der Wirtin einen Liter Sturm (Federweißen). Angezogen von der fröhlichen Stimmung unter den Fotografen kamen nach und nach Schauspieler und Teammitglieder, um ein bißchen mitzufeiern - Rex bekam eine Schüssel frisches Wasser. Erst das Ende des Lichtumbaus setzte der spontanen Party ein Ende und die Dreharbeiten konnten weitergehen.

JOURNALISTISCHE VERWECHSLUNG

Auf einem Pressetermin, bei dem Schauspieler, Regisseure und das Rex-Produktionsteam anwesend waren, näherte sich eine junge Redakteurin Regisseur Oliver Hirschbiegl, der sowohl in der ersten als auch in der zweiten Staffel bei einigen Folgen Regie geführt hatte, und bat ihn um ein Interview. Oliver atmete tief durch und harrte gespannt der Fragen. „Und wie fühlen Sie sich denn in der Rolle des Stockinger, Herr Markovics?“ zeigte sich die Journalistin wißbegierig. Nach einer Schrecksekunde und betretenem Schweigen konnte die angehende Medienfrau an der Heiterkeit der Umstehenden erkennen, daß sie da wohl etwas verwechselt hatte!

Oliver Hirschbiegl (l.) und Karl Markovics (r.)

Schuhe haben auf Rex eine besondere Anziehungskraft

SCHUHRÄUBER

Rex liebt es, Streiche zu spielen. Einmal hatte er eine Szene, in der er dem Assistenten Stockinger einen Schuh klauen sollte, den dieser unter dem Tisch ausgezogen hatte. Anschließend warf Rex den Schuh in den Papierkorb. Offenbar hat er sich die Vorgehensweise gemerkt. Als der Darsteller des Stockinger, Karl Markovics, in der Garderobe einmal seine Privatschuhe mit denen vom Kostüm wechselte, beobachtete ihn der Hund. Nach Drehschluß wollte Markovics wieder in seine Schuhe schlüpfen, aber sie waren verschwunden. Er kombinierte kurz und schaute im Papierkorb nach. Als er sie dort fand, war der Täter entlarvt.

REX ALS HAUSHALTSHILFE

Der vierbeinige Hauptdarsteller überzeugt nicht nur bei den Dreharbeiten durch Talent und Intelligenz. Auch privat ist Reginald von Ravenhorst, wie Rex mit bürgerlichem Namen heißt, seinen beiden Trainerinnen Teresa Ann Miller und Gayle Phelps eine große Hilfe. Im Haus, das die beiden Damen aus Hollywood in der Nähe Wiens bewohnen, herrscht Dank Rex immer Ordnung. Zu den Lieblingsbeschäftigungen des zweijährigen Schäferrüden gehört es nämlich, Papierschnipsel, die auf dem Boden liegen, einzusammeln und in den Papierkorb zu werfen. Ihm macht's Spaß und die Hausfrauen freut's.

Rex, Teresa Ann Miller (l.) und Gayle Phelps (r.)

Die unbekannte Statistin

STÄNDIGES INKOGNITO

Wie bei vielen Produktionen wurden auch bei Rex in mehreren Folgen Komparsen eingesetzt. Beim Abschlußfest kam eine dieser Multi-Statistinnen auf Kameramann Wolfgang Dickmann zu und sagte etwas empört: „Jetzt habe ich schon dreimal bei euch mitgespielt und keiner erkennt mich." Daraufhin Dickmann trocken: „Entschuldige, aber das ist nicht so leicht. Zweimal warst du als Leiche unterwegs und einmal hattest du eine Gurkenmaske auf dem Gesicht. Heute weiß ich endlich, wie du wirklich aussiehst."

KAPITEL VII

ANIMAL ACTION

Die besten Tiertrainer der Welt kommen aus den USA. Doch auch im Land der unbegrenzten Möglichkeiten sind Menschen, die wirklich professionell mit Tieren umgehen können, rar.

Ein Mann, der bereits seit einigen Jahrzehnten sein Können in den Dienst des artgerechten Tiertrainings für Filmtiere gestellt hat, ist Karl Lewis Miller. Der Vater von Rex-Trainerin Teresa Ann Miller lernte 1958 in der U.S. Air Force, Hunde zu trainieren.

Teresa erklärt Rex das „Anschleichen"

Er bildete zuerst Hunde für die Militär-Polizei aus. Als er 1961 die Armee verließ, begann er Problem-Hunde von Privatpersonen zu trainieren. Mit 22 Jahren ging er nach Hollywood und lernte den Trainer des berühmten Filmhundes „Benji", Frank Inn, kennen. Karl Miller begann bei Inn als Tierpfleger und wurde aufgrund seiner guten Arbeit bald zum Film-Tiertrainer ausgebildet. Von nun an brachte er Tieren Tricks für Filme und TV-Shows bei. 1978 gründete Miller dann seine eigene Firma „Animal Action". Tochter Teresa wuchs mit all den Film-Tieren und mit der Atmosphäre des Tiertrainings auf. Mit 19 Jahren begann sie dann, ihrem Vater bei der Arbeit zu assistieren. Sie half Karl bei dem Stephen-King-Film „Cats Eye", in dem die Welt aus der Perspektive einer Katze dargestellt wird. In der Folge wurden unzählige Filme von „Animal Action" betreut. Die berühmtesten sind wohl „Ein Hund namens Beethoven", „Eine Familie namens Beethoven" und „Mein Partner mit der kalten Schnauze". Oberstes Gesetz für Karl Lewis Miller und sein Team war und ist immer die artgerechte Behandlung und der Schutz der Film- und Fernsehtiere. Rund 70 verschiedene Paragraphen der Gesellschaft „American Humane" beschreiben die Richtlinien des Tiertrainings. Arbeitsbedingungen, Trainingszeit, Schutzbestimmungen und Unterbringung sind genauer beschrieben als in so manchem zwischen Menschen geschlossenen Vertrag. So heißt es z.B.: „Transportfahrzeuge müssen mit Klimaanlage, Kühlung oder guter Durchlüftung ausgestattet sein" oder „Alle Tiere sollen entsprechend ihrer Spezies und den Temperaturen vor Ort Ruhe- und Übungszeit, Futter und Wasser erhalten. Um das psychische wie physiologische Wohlergehen der Tiere zu gewährleisten, soll entsprechende Unterbringung und geeignetes Areal für die Haltung außerhalb der Dreharbeiten zur Verfügung stehen." Der eine oder andere Schauspieler wird vermutlich beim Lesen dieser Zeilen vor Neid erblassen.
Als sich die Produktionsfirma „mungo-Film" in den Vorbereitungsarbeiten zu Kommissar Rex an „Animal Action" wandte, nahm Teresa Ann Miller diese große Herausforderung an. Sie hatte die Wahl, entweder einen Film in Afrika zu drehen oder Rex in Wien zu trainieren. Trotz des unwirtlichen Klimas, über das die sonnenverwöhnte Kalifornierin oft stöhnt, übernahm sie die Aufgabe, die längste Produktion in der Geschichte von „Animal Action" zu betreuen. Nach zwei Jahren Arbeit in Österreich konnte die 29jährige Teresa gemeinsam mit Rex wieder in ihre Heimat zurückkehren. Allerdings nur bis Februar 1996, dann rufen die Dreharbeiten zur dritten Staffel von Kommissar Rex.
Daß der vierbeinige Kommissar gemeinsam mit seiner Trainerin die USA bereiste, ist kein Zufall. Die Trainer von „Animal Action" behalten die Tiere in Drehpausen oder nach Beendigung einer Produktion immer bei sich. Der Trainer ist gleichzeitig Frauchen oder Herrchen. Das Honorar, das die Firma für die Arbeit an Filmen oder TV-Produktionen erhält, gehört nicht nur dem Trainer. Ein Teil davon wird als Altersversorgung für den Vierbeiner zurückgelegt, damit er einen ruhigen und „sorgenfreien" Lebensabend genießen kann. Natürlich häufen sich bei einer vielbeschäftigten Trainerin wie Teresa die Neuzugänge. Momentan hält sie 35 Hunde auf der großen Farm bei Los Angeles.

Vater Karl Lewis Miller, Rex und Teresa

Teresa, Rex und Gayle Phelps, Co-Trainerin der ersten Staffel

Joel Silverman, Co-Trainer der zweiten Staffel, Rex und Teresa

KAPITEL VIII

TERESA ANN MILLER UND IHRE FILMTIERE

Teresa Ann Miller ist nicht nur mit Hunden aufgewachsen. Zu den Spielgefährten ihrer Kindheit gehörten verschiedene Haus- und kleine Raubtiere. Gemäß den Gewohnheiten ihrer Kindheit hat sie später angefangen, auch diese Tiere zu trainieren.

Vor Rex trainierte Teresa Ann Miller bereits andere Schäferhunde, wie den „Partner mit der kalten Schnauze"

Durch ihre Tierliebe und viel Geduld macht die Amerikanerin ihre Tiere zu Stars

Auch das kluge Schwein Babe gehörte zu Teresas „Kunden"

Ihr erster Film, „Cats Eyes“, war gleich eine besondere Herausforderung. Wie jeder weiß, sind Katzen eigenwillige Wesen. Daher ist auch das Training der Schmusetiger problematisch. Damit man sicher gehen konnte, daß eine Samtpfote gerade in Stimmung war, die Bitten der Trainer zu erhören, brauchte man rund 15 Katzen. Schwierig ist auch die Arbeit mit Schweinen. Anders als Hunde tun sie nichts, um dem Menschen zu gefallen und haben auch keinen Nachahmungstrieb; für die rosaroten Allesfresser funktioniert alles nur über die Belohnung mit Futter. Klug wie sie sind, wissen sie zwar sofort, was der Mensch will, ausgeführt wird die Tätigkeit aber nur gegen knallharte Währung – bestehend aus diversen Leckerbissen.

Bevor Teresa die Arbeit an „Kommissar Rex“ begann, trainierte sie für den Film „Babe“ einen dieser guten Futterverwerter. So erklärte Teresa ihrem Star-Schwein, es solle sich niederlegen. Sie baute einen niedrigen Tisch, auf den es im Stehen bequem den Kopf hinlegen konnte. Immer wenn es dies tat, folgte eine Belohnung in Kalorienform. Nun ließ Teresa den Tisch immer niedriger werden, bis er als Brett auf dem Boden lag. Das Schwein ging auch immer brav mit – was nicht funktionierte, war das Hinterteil. Zum Schluß lag es grunzend mit dem Kopf unten, das Hinterteil in der Höhe. Da mußte man eben sanft, aber bestimmt nachhelfen. Teresa drückte die rosa Kehrseite

Für den Film »Babe« trainiert Teresa ein Schwein. Anders als bei Hunden wollen Schweine für alle Aktionen mit Futter belohnt werden

mitsamt Ringelschwänzchen nach unten und plötzlich lag das Schwein flach am Boden – eine Aktion, die es während der ganzen Dreharbeiten nicht vergaß. Das Zeichen „Hinlegen" befolgte es von diesem Moment an brav. Besonders gerne erinnert sich die Kalifornierin mit den dunklen Locken an den Film „Mein Partner mit der kalten Schnauze". Rando hieß der kluge Hund, der James Belushi als abgebrühten Cop zu einem Hundefreund macht, mit richtigem Namen. Er hatte bald alle Drehs raus. Viele Tricks, die Teresa mit anderen Hunden in mühsamer Kleinarbeit hatte trainieren müssen, machte Rando von sich aus.

Ganz im Gegensatz zu ihrer Kollegin Gayle Phelps, einem zarten, blonden Wesen, mit der sie gemeinsam Rex trainierte, ist Teresa kein Fan von großen Raubtieren. Während Gayle mit wilden Tieren aller Art umgeht – sie trainierte auch Kevin Kostners vierbeinigen Gefährten in „Der mit dem Wolf tanzt" –, beschäftigt sich Teresa lieber mit kleineren Arten. Waschbären, Beutel- und andere Ratten, Schlangen, Hasen, Enten, Hühner, Seemöwen, Papageien, Ziegen, Tauben und Schildkröten gehörten bereits zu ihren Kunden.

REX´ TAGESABLAUF

EIN URLAUBSTAG

Wenn Stars nicht arbeiten, frönen sie meist ihren Leidenschaften und versuchen das bißchen Normalleben, das ihnen geblieben ist, nachzuholen. Oder sie wollen auch in ihrer Freizeit im Mittelpunkt stehen und erwarten ungeteilte Aufmerksamkeit von ihrer Umwelt.

Wenn er nicht zur „Arbeit" geht, tut Rex, seit er Karriere gemacht hat, von jedem etwas. Er beschäftigt Trainerin Teresa rund um die Uhr und frönt seinen Hobbies. Rex privat – ein ganz normaler Hund. Wenn der Wecker an einem freien Tag läutet, stürmt Rex in das Schlafzimmer seiner Trainerin, beginnt ihr das Gesicht abzulecken und winselt, wenn sie nicht gleich aus dem Bett aufsteht. Dann wird die Haustür geöffnet und Rex rast zum Kleinbus, mit dem er sonst zu den Dreharbeiten fährt. Er schaut gebannt und erwartungsvoll zur Haustür, wohl mit dem Gedanken: „Hoffentlich kommt sie, damit wir zu meinem Spielplatz Drehort fahren können."

Wenn er dann zweimal um den Wagen gelaufen ist und niemand kommt, um diesen zu starten, macht sich kurz Enttäuschung breit: „Oje, heute kein Dreh, da muß ich mir selbst ein Spielprogramm zusammenstellen."

Wenn seine Trainerin nicht mit ihm neue Tricks für die folgenden Einstellungen vorbereitet, verhält er sich wie jeder Schäferhund abseits des Showbusineß. Er tobt durch den Garten, bellt den Passanten nach, die an seinem Zaun vorübergehen und gräbt Löcher in die Wiese. Dies macht er besonders gerne, wenn die Erde feucht und weich ist - die „Freude" seines Frauchens, wenn er anschließend das Haus betritt, ist dann groß!

Selbstverständlich wird Frauchen Teresa in das Tagesgeschehen miteinbezogen. Vom Aufwachen bis zum Einschlafen sucht Rex nach immer neuen Spielen. Wenn er sich nicht so beachtet fühlt wie beim Fernsehen, dann verschafft er sich eben anders, was er möchte. Zuerst versucht er sein Glück, indem er sich zwischen Couchtisch und Sofa zwängt. Ist diese Maßnahme nicht eindrucksvoll, greift er zu härteren Mitteln. Rex' Lieblingsplatz ist dann genau vor dem Bildschirm, so daß man sich auch beim spannendsten Krimi zwangsläufig an ihn erinnern muß.

An seinen freien Tagen wird Rex nicht zu irgendwelchen Aktivitäten aufgefordert. Er spielt an seinem Platz mit den unendlich vielen Quietschtieren und Spielsachen. Wenn er beginnt, Teresa überall hin zu folgen oder sie bei der Erledigung von Schreibarbeiten plötzlich am Arm stößt, weiß sie, daß jetzt ein Spielpartner gesucht wird. Eine der beliebtesten Privat-Actions des Herrn Reginald von Ravenhorst ist das Ballspiel. Und wie könnte es anders sein, auch das muß in einer besonders kreativen Art und Weise durchgeführt werden. Teresa wirft einen Tennisball gegen die Wand und Rex fängt ihn auf, bevor seine Trainerin den Ball erreicht. Ein immer wiederkehrendes Hundevergnügen.

EIN ARBEITSTAG

An den Tagen, an denen gedreht wird, hat Rex mit seinem täglichen Ritual Erfolg. Er umkreist wieder „sein" Auto, wenn er Teresa in der Tür stehen sieht und wartet gespannt auf jede Bewegung von ihr. Wenn sie ihre Jacke anzieht und die Drehbücher, die er ganz genau kennt, unter den Arm nimmt, ist der Tag gerettet. Es geht zum Set! Erleichtert springt er in den Wagen und harrt der aufregenden Dinge, die die nächsten Stunden bringen werden. Am Drehort angekommen, wird ein kleiner Spaziergang unternommen, um die „Location" und die dortigen Gerüche kennenzulernen. Danach erfolgt die Begrüßung des Teams, dessen Mitglieder er nach zwei Jahren natürlich alle kennt. Dabei werden drei Personen mit besonderen „Bell-, Schleck- und Pfoteneinheiten" bedacht: Tobias Moretti, sein Serienherrchen, dessen Assistent Stockinger alias Karl Markovics, der mittlerweile seine eigene Serie hat, und Aufnahmeleiter Jürgen Margetich. Dieser hat sich neben seiner Tätigkeit bei den Drehs von Anfang an um Rex und Teresa gekümmert. Ihn nannte Trainerin Teresa die „Vaterfigur" für Rex. Seltener, aber dann umso herzlicher, findet die Begegnung zwischen dem vierbeinigen Darsteller und dem zweiten Assistenten, Höllerer alias Wolf Bachofner, statt. Mit ihm macht Rex gerne „einen drauf", was das Bellen und Anschleichen betrifft.

Während der Arbeit ist das gesamte Team sehr diszipliniert. Rex würde es am liebsten den ganzen Tag erleben, daß das Team mit ihm spielt und ihn streichelt. Allerdings würde dies seine Konzentration vor der Kamera stören. Das Team hat es stets verstanden, Spiel und Spaß nur zwischen den Einstellungen stattfinden zu lassen.

Rex ist ein professioneller Darsteller. Er braucht seine Ordnung, um optimale Leistung zu bringen. Wenn er bemerkt, daß sich die einzelnen Proben oder Takes einer Einstellung voneinander unterscheiden, bricht er die Szene ab. So mußte er bei einer Hochzeit einen Verbrecher verfolgen. Während Rex in das Standesamt hineinlief und der Mann vor ihm flüchtete, sprangen die versammelten Gäste in höchster Erregung von ihren Sitzen auf. Bei einer der Proben bekamen die Komparsen, die die Hochzeitsgesellschaft darstellten, aber kein Zeichen und blieben sitzen. Rex hielt, als er dies bemerkte, in der Bewegung inne, drehte sich um und trottete gemächlich zu seiner Trainerin zurück. Er schien sich zu denken: „Und wenn ihr endlich wißt, was ihr wollt, dann gebt mir Bescheid."

In längeren Pausen zieht sich Rex in „seinen" Wagen zurück, der gleichzeitig sein ganz privater Ruheraum ist, zurück. Hier kann er entspannen, auch ein Nickerchen machen, um beim nächsten Auftritt frisch und einsatzfreudig zu sein. Er ißt mehrere Happen über den Tag verteilt und hat stets eine Schüssel mit frischem Wasser zur Verfügung.

KAPITEL X

REX UND SEINE HOBBIES

Nachdem Rex trotz seines Engagements beim Fernsehen über genügend freie Zeit verfügt, kann er auch seine „Hobbies“ ausüben. Im Grunde handelt es sich dabei um richtige „Hunde-Steckenpferde“. Als echten Bayern stören ihn die Temperaturen in Österreich überhaupt nicht.

Rex liebt Bälle in allen Größen und Designs

Während Teresa Ann Miller den ersten Schnee mit kalten Füßen und Zähneklappern erlebte, dachte sich Rex ein besonderes Spiel aus: Er machte Jagd auf Schneeflocken. Bei den Dreharbeiten im Schloßpark von Schönbrunn, während alle Zweibeiner vor Kälte erstarrt waren und ihnen Feuchtigkeit und Minusgrade unbarmherzig in die Knochen krochen, war Rex außer Rand und Band. Er hatte an diesem Tag keine Lust, sich auf ein Schläfchen in seine vierrädrige „Garderobe" zurückzuziehen, sondern wollte die weiße Pracht in vollen Zügen genießen.

Eine andere Spezialität des „Schnüfflers" sind Gartenschläuche. Im Garten von Rex und Teresa nahe bei Baden liegt natürlich so ein langes, gelbes Ungetüm herum. Immer wieder beobachtete Rex die wasserspeiende Schlange, wenn Frauchen damit hantierte. Er beschloß, das seltsame Tier zu ein bißchen „Action" aufzufordern. Zur Begrüßung stupste er den neuen Spielkameraden mit der Schnauze an, um sich bemerkbar zu machen, doch die Schlange reagierte nicht. Also knabberte er vorsichtig daran – es schmeckte wie ein Kauknochen! Aber noch immer bewegte sich das Wesen ohne Beine nicht. „Wenn es nicht mitmacht, dann werde ich jetzt die Initiative ergreifen", verriet sein Gesichtsausdruck. Übermütig wirbelte er das gummiartige Ding durch die Luft. Auch wenn am nächsten Tag ein neuer Gartenschlauch gekauft werden mußte: Hauptsache, das Leben macht Spaß!

In Wien findet man überall „Zeichen" von Kollegen, auch in der Nähe des Strauß-Denkmals

Aufregend gestalteten sich auch immer wieder Dreharbeiten in Wiens Innenstadt. Die österreichische Metropole ist bekannt für ihre hundefreundlichen Bewohner. Dementsprechend viele Vierbeiner leben auch in Wiens Haushalten. Kein Wunder also, daß man als TV-Star aus Bayern an fast jeder Hausecke höchst interessante Gerüche wahrnimmt! In den Drehpausen begleitete Teresa Rex bei seinen Entspannungsspaziergängen rund um einen Häuserblock. Für diese kleinen Ausflüge plante Frauchen immer mehr Zeit ein. Schließlich mußte Rex jeden Kollegen zur Kenntnis nehmen, der sich an einer Mauer verewigt hatte.
Eine für Teresa schweißtreibende Neigung des Schäferhundes mit einer Schulterhöhe von 65 cm ist das Spiel: „Ich bin ein süßer, kleiner Hund und ich bin so leicht, daß du mich mit einer Hand aufheben könntest!" Seine subjektive Wahrnehmung ist in diesem Punkt etwas getrübt. Wenn er freudig an ihr hochspringt, wiegt die „Feder" immerhin 38 kg ...

„Ich liebe mein Frauchen"

Ein Basketballspiel mit Tobias in einer Drehpause

Rex ist einer der größten Ballspieler aller Zeiten. Wäre er ein Mensch geworden, wäre er nicht TV-, sondern Fuß-, Tennis- oder Basketballstar. Zu jeder Zeit und an jedem Ort kann er sich leidenschaftlich mit den runden, springenden Kugeln vergnügen. Am Drehort des Hauses am Stadtrand wurde ein kleiner Basketballkorb montiert, wo er in den Drehpausen seine Körbe wirft. Tennisbälle, die ihm Kinder ans Set bringen oder mit der Post schicken, werden gleich ausprobiert. Während eines Fototermins stöberte Rex einmal einen alten, wertvollen Lederfußball auf.
Da dieser natürlich zu groß war, um ihn bequem in die Schnauze nehmen zu können, biß er ein bißchen fester zu und dem Ball ging die Luft aus.
Als Krönung seiner Ballspieler-Karriere durfte er in der Nähe von Wien mit Frauchen Teresa sogar den Ankick eines American-Football-Spiels vornehmen.

Rex präsentiert stolz „sein Reich"

Spielsachen sind neben Futter- und Wasserschüssel wahrscheinlich die wichtigsten Gegenstände in Rex' Leben. In den zwei Jahren seiner Anwesenheit in Wien haben sich rund 150 verschiedene Puppen und Quietschtiere angesammelt. Die meisten von ihnen quietschen nach kurzer Zeit nicht mehr, weil sie nicht nur als Spielzeug, sondern auch als „Kaugummi" dienen. Es gibt in seinem Spielzimmer winzige und riesige Teddybären, einen überlebensgroßen ALF, Barbie-Puppen, Hamburger und Ketchup-Dosen aus Gummi, Bälle in allen Größen, ein nacktes, häßliches Kauhuhn für Hunde, Krokodile und sogar eine quietschende Whiskeyflasche. Wenn er verreist, kommen die „Heiligtümer" alle in einen Rucksack, den Rex auch peinlich genau beobachtet, damit er ja nicht vergessen wird.

TIPS

Wenn ein Hund gerne spielt, sollten Sie ihm auch genügend Zeit dafür einräumen. Er sollte einen Platz haben, wo alle seine Habseligkeiten gesammelt sind. Das Spielzeug muß nicht immer teuer sein, auch alte zerrissene Baumwollstücke, die man in der Mitte zusammenknotet, können ihren Zweck erfüllen. Egal, was Sie ihm geben, er sollte die Möglichkeit haben, sich auszutoben und seinen Spieltrieb auszuleben, dann wird er sich auch nicht an Ihren Sachen, wie Polstermöbeln und Teppichen, vergreifen.

KAPITEL XI

REX'- MENÜ

Rex, der Gourmet

Da der Lieblingshund der Nation während der Arbeit oft mit seinen liebsten Snacks belohnt wird, muß seine große Mahlzeit am Abend dementsprechend „light" und ausgewogen sein. Schließlich muß man ja auf die Figur achten, wenn man im Licht der Öffentlichkeit steht. Tage, an denen er nicht vor der Kamera steht, sind Hunde-Diät-Tage. Rex beschäftigt sich bis zu seinem Abendessen zwischen den einzelnen Spielen mit Kauknochen, die zwar köstlich schmecken, aber nicht gerade zu den Kalorienbomben zählen. Echte Knochen gehören nicht auf seinen Speisezettel, da sie, vom kräftigen Gebiß zerbissen, immer splittern und das Maul und auch den Verdauungsweg verletzen können. Es gibt künstliche Kauknochen, aber auch solche aus roher Haut. Beide Sorten sind den echten Knochen vorzuziehen, allerdings kann so mancher Vierbeiner davon Durchfall bekommen. Wenn Rex aber dreht, sieht der kulinarische Tagesplan anders aus. Gelungene Tricks werden immer von viel Lob, aber auch von

Wasser ist Rex' Lieblingsgetränk

einem leckeren Häppchen begleitet. Die Anerkennung durch die Trainerin steht zwar im Vordergrund, doch ein Begleitbissen versüßt das Spiel vor der Kamera noch um einiges. Die Snacks müssen ständig gewechselt werden. Auch wenn Rex in kleine Würfel geschnittene, gekochte Rinderleber innig liebt, am nächsten Tag wird eine andere Delikatesse gewünscht. Teresa Ann Miller, die nicht nur Trainerin, Frauchen, Vertraute und Rudelführer, sondern auch Leibköchin von Rex ist, wechselt seine Leibgerichte täglich ab. Der Menüplan für eine 5-Tage-Drehwoche könnte also so aussehen: Montag: gekochtes Rinderherz, würfelig geschnitten, Dienstag: gekochte Rinderleber, würfelig geschnitten, Mittwoch: Edamer Käse, würfelig geschnitten, Donnerstag: Wiener Würstchen aus Putenfleisch und harte Eier, in Scheibchen geschnitten, Freitag: gekochte Hühnerbrust, würfelig geschnitten, Samstag: vitaminreiche, knusprige Hundekekse, die nicht nur schmecken, sondern auch die Zahnsteinbildung verhindern.

Wenn Rex an einem Drehtag viele Häppchen erhält, fällt das „Dinner" entsprechend kleiner aus. Ganz im Gegensatz zu uns Menschen weiß er ganz genau, wann er mit den Genüssen im Napf aufhören muß, nämlich dann, wenn er satt ist.
Wer übrigens glaubt, daß Hunde keine Feinschmecker sind, der irrt. Rex jedenfalls liebt die Abwechslung nicht nur bei den Zwischenmahlzeiten, sondern auch beim Abendessen. Die Nahrung ist auf sein Alter (geb. am 1. Juni 1991), sein Körpergewicht (ca. 38 kg) und die körperliche Betätigung des vergangenen Tages abgestimmt. Das Menü besteht immer aus 1/3 hochwertigem Eiweiß (Fleisch) für Muskeln, Knochen und innere Organe, Fett für sein glänzendes Fell und 2/3 Kohlehydraten (Getreide, Gemüse) als Hauptenergiequelle sowie aus Vitaminen und Mineralstoffen. In den meisten Lebensmitteln, die Rex serviert werden, ist bereits Kochsalz enthalten; um sicher zu gehen, daß er genügend Salz für seinen Wasserhaushalt erhält, wird eine winzige Prise zugegeben. Und wie sieht so ein Abendessen in der Praxis aus? Mageres Fleisch wird gekocht oder gebraten. Dann schneidet man das Fleisch in schnauzengerechte Bissen und mischt gekochtes Getreide und Gemüse unter.
Zu den Lieblingsmenüs von Rex gehört folgende Kreation: gekochte Hühnerbrust mit gekochten, aber noch knackigen Karotten - sie können auch roh ins Essen geraffelt werden - und Haferflocken. Begleitet werden die lukullischen Hundefreuden von seinem Lieblingsgetränk: frisches Wasser, das ihm in Wien besonders zu schmecken schien. Als Nachtisch folgen dann ein paar Hundekekse oder ein Stück Apfel, um das Menü abzurunden.

T I P S

Jeder Hund hat einen anderen Geschmack, wie die Menschen auch. Experimentieren Sie doch ein bißchen und versuchen Sie, die Vorlieben Ihres Lieblings herauszufinden. Milch kann der erwachsene Hund nicht verdauen, während Buttermilch und Yoghurt gut verträglich sind. Sauer und zu stark gewürzt ist nicht jeden Hundes Sache, während die meisten Süßes lieben. Sie sollten den Heißhunger dann allerdings lieber mit einem Apfel als mit Schokolade stillen. Die Möglichkeiten zu variieren sind zahlreich. Sie müssen nur wissen, welche gekochten Gemüse (Ausnahme: Karotten, Petersilie, Zwiebeln und Knoblauch können auch roh untergemischt werden), Fleischsorten und Getreidearten erwünscht sind. So kann man Hühnerleber mit dem afrikanischen Couscous kombinieren oder Rindfleisch mit Bohnen und Reis, oder Lamm mit Gerste und Karotten. Viele Hunde werden auch Fisch und Gemüse wie Zucchini, Kartoffeln und Blumenkohl mögen; wichtig ist, daß es schmeckt und der Hund es auch verträgt. Die Amerikanerin Suzan Anson hat ein Buch geschrieben, das die richtige Ernährung von Hunden genau beschreibt und Rezepte enthält, die für Mensch und Hund gleichermaßen schmackhaft und bekömmlich sind. Von selbstgebackenen Hundekeksen über den Auflauf „Falscher Hund" bis hin zu „Schneller Hundepudding" kann man den Speiseplan für den besten Freund des Menschen neu und abwechslungsreich gestalten. Das Buch heißt „Kochen für den Hund, Gourmet-Küche für Vierbeiner" und ist in der Müller Rüschlikon Verlags AG, Cham (Schweiz) erschienen.

KAPITEL XII

REX UND DIE FRAUEN

Privat liebt Rex alle Menschen und macht dabei zwischen Männern und Frauen keinen Unterschied.
Der wichtigste Mensch in seinem Leben ist eine Frau.

Flirt an der Würstchenbude

Teresa Ann Miller ist sein Leithund und seine Freundin, sein Frauchen und der tollste Spielkamerad, den es gibt. Auch sein Verhalten gegenüber Fremden ist vorbildlich. Wer auch immer mit seinem Gesicht in die Nähe der großen, schwarzen Schnauze kommt, kann an einer Hand abzählen, wieviele Sekunden es dauert, bis die rosa Zunge nasse Hundeküsse verteilt. Auch in seiner Rolle als Rex mag Reginald von Ravenhorst die Menschen sehr. Ob die Assistenten von Herrchen Moser oder der väterliche Freund Max Koch – Rex gibt seiner Freude immer Ausdruck, wenn er sie trifft. Eine Ausnahme gibt es allerdings im großen Herzen des Vierbeiners: Frauen, die sich seinem Herrn nähern. In den ersten Folgen, die bereits 1994 ausgestrahlt wurden, gibt es nur ab und zu Grund zur Eifersucht. Einmal muß er sich schnell zwischen ein junges Mädchen und Moser drängen, als die beiden ungebührlich lange an einer Würstchenbude miteinander sprechen.

Gefahr für Herrchens Seelenleben: Diana Neuwirth (Nina Franoszek)

Ernster wird es, als die attraktive Besitzerin einer Spielzeugfabrik Moser zu Hause besucht. Moser hat ein gebrochenes Bein und Diana Neuwirth zeigt unmißverständlich, daß sie sich über die eher hilflose Lage des Kommissars amüsiert. Als Moser dann auch noch Kaffee kocht und mit Diana ein Schnäpschen trinkt, reicht es dem Vierbeiner. Er weicht nicht mehr von der Seite seines Herrn, um diesen im Notfall zu beschützen.
In Teil 2 der Rex-Geschichten wird die Lage aber wesentlich ernster. Moser lernt eine junge Tierärztin kennen, als er in ein Haus an den Stadtrand von Wien übersiedelt. Zwischen den beiden entwickelt sich langsam große Sympathie und eine Beziehung. Rex unternimmt alles, um dies zu verhindern, denn er kann es nicht ausstehen, daß da noch ein anderes Lebewesen etwas von Richies Zuneigung abbekommt. Er sperrt Sonja Koller aus, sitzt demonstrativ zwischen den Verliebten, als sie sich das erste Mal küssen wollen, wartet gebannt darauf, daß das Telefon läutet

und Rex und Moser zu einem Einsatz müssen und ist davon überzeugt, daß seine Qualitäten als Hausfrau die der Tierärztin um Klassen übertreffen.
Auch als Moser mit einer Kollegin eine Nacht lang in den Donauauen inkognito ermitteln will, sieht Rex „gelb" vor Eifersucht. Eine fremde Frau in einem Schlafsack mit seinem Richie - das geht zu weit. Erst als er bemerkt, daß Elisabeth Böhm keineswegs so gefährlich ist wie Sonja Koller, stellt er seine Bemühungen um Liebes-Sabotage ein. Nicht umsonst ist Sonja Koller aber Tierärztin – sie findet als kluge Frau ein Mittel, nicht nur Herr, sondern auch Hund für sich zu gewinnen.

Sonja Koller (Daniela Gaets)

Elisabeth Böhm (Sabine Petzl)

T I P S

Hunde sind oft „eifersüchtig". Sie haben den Eindruck, daß sich ihre Bezugsperson von ihnen abwendet und sie weniger Aufmerksamkeit bekommen. Alle neuen Hausbewohner, wie ein Partner, ein Baby, ein weiteres Haustier oder auch ein Gast, der längere Zeit bleibt und der von Herrchen und Frauchen sehr viel Zuwendung bekommt, können beim Hund Eifersucht auslösen, worauf dieser mit verschiedenen Formen von Fehlverhalten reagiert. Sollten Sie also ein neues „Familienmitglied" haben, gewöhnen Sie Ihren Hund langsam an den noch fremden Hausgenossen. Zeigt Ihr Hund trotzdem plötzlich ein verändertes Verhalten, ist es sicher nicht verkehrt, ihm auf jeden Fall mehr Zuneigung zu schenken. In den meisten Fällen wird er dann sehr schnell wieder der „Alte" sein.

KAPITEL XIII

REX UND SEINE TIERISCHEN KOLLEGEN

In der ersten Staffel hat Rex kaum Kontakt zu seinen Artgenossen. In „Flucht in den Tod“ flirtet er einmal mit einer Schäferhündin, die mit ihrem Frauchen spazierengeht, das wiederum Rex’ Partner Richie Moser sehr attraktiv findet. Im zweiten Serienteil gibt es zwei Begegnungen, die für den Detektiv auf vier Beinen eindrucksvoll sind.

In beiden Fällen handelt es sich um das schöne Hundegeschlecht – einmal um eine Schäferhündin, das zweite Mal um eine Beagle-Dame. Die Artgenossin aus der Rasse der Schäfer war allerdings zu diesem Zeitpunkt noch nicht als solche erkennbar. Man tippte auf irgendein Tier zwischen Fuchs und Bär. „Holly vom Pastorenhaus“ war zum Zeitpunkt ihrer ersten Fernsehrolle acht Wochen alt. Sie sollte eigentlich ein Geschenk sein, das Kommissar Moser und Rex einem blinden Mädchen machen und das zum Blindenhund ausgebildet werden soll. Ihr schauspielerischer Einsatz in der fertigen Folge dauert rund eine Minute.

Die Vorbereitung, um den erwachsenen Rex und das Schäferbaby miteinander bekanntzumachen, ging folgendermaßen vor sich: Wie es sich für eine

Ein kleines Spielchen mit Schäferhundbaby „Holly vom Pastorenhaus“

Holly vom Pastorenhaus und einen Reginald von Ravenhorst gehört, fand das Treffen in einem Wiener Ringstraßenhotel, dem Drehort, statt. Teresa nahm das winzige Hündchen erstmal in ihren Arm, um der Kleinen die Angst zu nehmen. Holly fühlte sich aber, wie alle Hunde, bei Teresa gleich sehr wohl. Neugierig, mit schiefgelegtem Kopf, stand Rex dabei und war sich offenbar auch nicht im klaren darüber, was das Fellbündel auf Teresas Hand darstellen sollte.
Als Teresa dem Hundestar das kleine Tier unter die Nase hielt, schnüffelte er zuerst etwas argwöhnisch daran herum: der Geruch stimmte, Holly war als zukünftiger Schäferhund identifiziert. Das Eis war gebrochen und Holly konnte auf den Boden gesetzt werden. Für Rex war die Begutachtung der neuen Artgenossin aber noch nicht abgeschlossen. Er legte sich zu Holly und begann jeden Zentimeter des winzigen Körpers mit der nassen, schwarzen Schnauze zu untersuchen. Offensichtlich wartete er darauf, daß sie sich bewegte und ein kleines vorsichtiges Spiel mit ihm wagte. Doch Holly streckte sich phlegmatisch auf dem Perserteppich der Hotel-Lobby aus.

Beagle-Dame „Ivy“

Um etwas Leben in die Bude zu bringen, schob Rex einfach seine Schnauze unter den Bauch der kleinen Hündin, bis diese dann doch geruhte, sich kurz mit ihrem prominenten Artgenossen zu beschäftigen. Doch nach einigen Minuten übermannte sie eine kindliche Müdigkeit und mit einem tiefen, schlaftrunkenen Seufzer erklärte sie das Spiel für beendet.
Auch mit der zweiten Hunde-Frau in seinem Filmleben hatte Rex wenig Glück. Die Beagle-Dame Ivy wird von Rex in der Serie in der Tierärztlichen Hochschule aufgestöbert und die beiden freunden sich miteinander an. Rex bringt sie zu Moser, und bei der Lösung des Falles nimmt Ivy eine Schlüsselposition ein. Rex war überaus interessiert, als er das weiße Beagle-Mädchen kennenlernte. Er zeigte auch keine Eifersucht, als Trainerin Teresa 14 Tage vor Ivys Drehdebüt mit dieser zu trainieren begann. Aber Ivy entsprach so gar nicht Rex' Vorstellungen von einer guten Spielgefährtin.
Sie folgte immer willig Teresas Aufforderungen, erwartete aber danach sofort eine ordentliche Belohnung kulinarischer Art. Sehr bald stand fest: dieser Hund spielt seine Rolle nur, wenn die schmackhafte Gage pausenlos zur Verfügung steht. Ihr treuherziger Blick hing ständig beschwörend an Teresas schwarzer Hüfttasche, in der das leckere „Honorar" enthalten war. Fressen war Ivys liebstes Hobby. Ansonsten lag sie am liebsten faul in einer Ecke herum. Kein noch so gut gemeinter Versuch ihres bereits langgedienten TV-Partners Rex konnte sie dazu bringen, mit ihm im Gras zu tollen oder etwa einen Gartenschlauch zu „erlegen".
Ivy meisterte ihre Aufgaben als Fernsehhund bravourös, allerdings ist zu vermuten, daß die ohnehin etwas pummelige Beagle-Dame nach ihrem Einsatz vor der Kamera noch ein paar Pfunde mehr auf den Rippen hatte ...

T I P S

Auch wenn ein Hund ständig mit Menschen zusammenlebt, sollten Sie ihm die Möglichkeit bieten, mit seinen Artgenossen Kontakt zu haben. Wenn Sie ihm dies verwehren, kann er leicht zum Raufer werden. Es ist nicht notwendig, daß Sie Ihren vierbeinigen Freund ängstlich von allen Verlockungen der Hundewelt fernhalten. Für ein ausgelassenes Spiel beim Spazierengehen auf der Wiese muß immer Zeit sein. Nur weil Rex & Co mit ihresgleichen ein kleines „Schwätzchen" halten, lieben sie ihre Frauchen oder Herrchen nicht weniger.

KAPITEL XIV

REX UND DIE SCHAUSPIELER

In den letzten zwei Jahren hat Rex viele Schauspiel-Größen des deutschsprachigen Raumes kennengelernt. Viele von ihnen waren vom TV-Hund der Nation absolut begeistert und haben ihre Meinung gegenüber dem vierbeinigen Kommissar auch überschwenglich kundgetan.

Tobias Moretti

TOBIAS MORETTI (RICHIE MOSER):
„Wir haben uns vom ersten Augenblick an bestens verstanden. Ich hatte durch meinen Pico, einen 10 Jahre alten Schäferhund, bereits viel Erfahrung mit der Rasse. Als ich Rex das erste Mal im Produktionsbüro traf, war sofort das gegenseitige Vertrauen da und somit eine wunderbare Basis für die Arbeit an 'Kommissar Rex' gegeben."

Wolf Bachofner (Peter Höllerer):
„Wenn die Kamera läuft, klappt die Arbeit mit Rex unglaublich gut. In den Drehpausen kann man mit ihm spielen und herumtollen wie mit jedem anderen Hund."

Wolf Bachofner

Karl Markovics

Karl Markovics (Ernst Stockinger):
„Zu Beginn der ersten Staffel mußte ich mich laut Drehbuch vor Rex fürchten. In Wirklichkeit kann ich Hunde gut leiden und der Rex ist ein außerordentlich nettes Exemplar. Wenn ich in meiner Rolle als Stockinger ihm gegenüber sehr ängstlich war, hielt der Rex mein Verhalten für ein besonders lustiges Spiel. Deshalb war er auch in diesen Szenen so ausgelassen und ausgesprochen lebhaft."

Fritz Muliar (Max Koch):
„Ich bin ein großer Hundefreund und bin zeitlebens aufgestanden, um für meinen Hund das Frühstück zu machen. Wenn ich den Rex sehe, ist das immer eine angenehme Begegnung. Wir alle haben erst Disziplin lernen müssen, um ihm nicht immer heimlich ein Stück Wurst zuzustecken."

Fritz Muliar

Gerhard Zemann

Gerhard Zemann (Dr. Leo Graf):
„Ich reise für meine Drehtage immer aus Salzburg an. Daher sehe ich den Rex natürlich sehr selten. Wenn wir uns dann aber begegnen, fällt die Begrüßung immer besonders herzlich und stürmisch aus."

Christiane Hörbiger

Christine Neubauer:
„Mich hat der Rex in meiner Rolle als Heurigenwirtin aus der Donau gezogen. Das war in der ersten Folge. Natürlich haben wir das nur gespielt. Ich habe die Arme um ihn gelegt und wir sind beide geschwommen."

Karlheinz Hackl:
„Ich finde die Methode sehr gut, nach der Rex lernt. Spiel steht im Mittelpunkt. Rex arbeitet mit der Trainerin und die Schauspieler können sich voll auf ihre Rollen konzentrieren."

Christiane Hörbiger
„Ich habe bereits mit verschiedenen Tieren gedreht. Das war nicht immer angenehm, denn längst nicht alle Hunde wissen sich so gut und professionell zu benehmen wie Rex!"

Witta Pohl

WITTA POHL:
„Es ist sehr schön, mit diesem Hund zu arbeiten. Ich bin ja eine große Tierfreundin, und liebe alle Arten. Ich habe auch schon Eichhörnchen und kleine Singvögel großgezogen."

SENTA BERGER:
„Er ist ein besonders schönes und liebes Exemplar. Ich habe sehr gestaunt, was man einem Hund durch liebevolles und geduldiges Training alles beibringen kann."

Senta Berger

KAPITEL XV

REX UND DIE MEDIEN

Vom ersten Moment an, als Rex nach Wien kam, um sich auf seine Rolle vorzubereiten, war er erklärter Liebling und gefragter Star der Medienwelt. Genauso wie er es sehr bald liebte, vor der Kamera zu stehen, begann er auch den Medienrummel zu genießen. Sobald ein Mensch mit Blitzlicht und klickender Kamera in die Nähe kam, wollte er im Mittelpunkt stehen. Am Ende der zweijährigen Dreharbeiten setzte er bereits seinen treuherzigsten Blick auf, sobald Fotografen in der Nähe waren, ohne daß Trainerin Teresa ihn dazu aufforderte.

Seinen ersten großen Presseauftritt hatte der Krimihund bei der Präsentation in Wien zu Beginn der Dreharbeiten im August 1993. Obwohl er erst wenige Tage zuvor seinen ersten Drehtag gehabt hatte, gab er sich im Wiener Haas-Haus vor den Medienvertretern aus Deutschland und Österreich ganz als vierbeiniger Profi. Er saß kerzengerade zwischen seinen drei Kommissaren und schaute mit schiefgelegtem Kopf in die diversen Objektive, ließ sich von journalistischen Hundefreunden streicheln und zeigte artig einige seiner Tricks. Für Rex wurde auch extra eine Genehmigung eingeholt, damit er an diesem Pressetag im Schloßpark von Schönbrunn posieren konnte. Dessen Besuch ist nämlich allen anderen Einwohnern Wiens, die vier Pfoten haben und eine Hundemarke tragen, ansonsten verwehrt.

Nach dem Blitzlichtgewitter im ehemaligen Park des Kaisers ging's dann abschließend zum Heurigen, wo Tobias Moretti und sein vierbeiniger Co-Star einander „zuprosteten" – Moretti mit einem Glas Wiener Wein und Rex mit einer Schüssel frischen Wiener Hochquellwassers. In den nächsten Monaten besuchten viele namhafte Fotografen, Agenturvertreter und Journalisten Rex am Set. Bei den Dreharbeiten zum Pilotfilm „Endstation Wien" tummelten sich Pressevertreter am Wiener Stephansplatz, als die Explosion im Haas-Haus von der Kamera eingefangen werden sollte. Radio- und TV-Teams hatten natürlich einen ungeheuren Vorteil: Rex konnte in der „Schäferhund-Sprache" ein paar „Sätze" ins Mikrophon bellen.

Üblicherweise hartgesottene und branchenerfahrene Journalisten wurden bei seinem Anblick geradezu schwach. Die Aussagen gingen von: „Etwas so unglaublich Professionelles wie Rex habe ich noch nie gesehen!" bis zu: „Wenn ich Rex nicht live sehen kann, dann sterbe ich!"

Eine Münchner Journalistin hatte zu Hause Zoff mit ihrem Vierbeiner, weil sie Besuch erwartete und an dem betreffenden Donnerstag der Bildschirm schwarz blieb, als „Kommissar Rex" lief.

Einer Fotografin zeigten Moretti und Rex Wien: Sie teilten sich ein Paar Wiener Würstchen an einer der typischen Buden und zum Schluß kletterte Rex noch auf den Kutschbock eines Fiakers (Pferdedroschke), während Tobias Moretti und Teresa Ann Miller als Fahrgäste Platz nahmen.

Für die Präsentation der ersten Folgen vor der Presse ging Rex auf Tournee. Wie ein richtiger Jet-Setter, der in diesem Fall eigentlich Jet-Schäferhund heißen müßte, da sonst jeder Hunderassenkenner verwirrt ist, flog er nach Hamburg, residierte dort im Ramada-Hotel und zeigte sich am nächsten Tag den Medienvertretern. Nach Hamburg folgte München und zum Schluß Wien. Dort ließ er sich für die Fotografen mit Tobias Moretti auf einem Königsthron nieder – eine nicht ganz unpassende Sitzgelegenheit! Besonders massiv

Rex ist Gaststar in der Show »Millionen-Rad«

wurde der Rummel um Rex, als die erste Staffel im Herbst 1994 zur Ausstrahlung kam. Sein Privatleben war plötzlich besonders interessant: „Was ißt er, welche Hobbies hat er und wie schaut es mit seinem Liebesleben aus?" waren die Standardfragen, die Trainerin Teresa Dutzende Male beantwortete. Als in verschiedenen Publikationen ein Foto erschien, das Rex mit einem vier Wochen alten Schäferhund-Baby zeigte, ging sofort das Gerücht um: „Rex ist Vater geworden." Weit gefehlt, Holly, die junge Dame, war genauso als Filmhund eingesetzt wie Rex und mit ihm weder verwandt noch verschwägert.

Seinen ersten Live-Auftritt im Fernsehen hatte der Quotenhund in der SAT.1 Talk-Show „Schreinemakers live". Seine Souveränität war diesmal ein bißchen gemindert. Weniger, weil ihn Margarethe Schreinemakers auf dem Lügendetektor zu seinen erotischen Abenteuern befragte, sondern weil vor Rex zwei andere

Der erste TV-Preis:
die „Romy“

Goldene Kamera für
Tierfeundin Uschi Glas

Fernsehhunde im Studio gewesen waren: der Poldi des Bergdoktors und einer, der sein Geld mit der Führung einer tragbaren Kamera verdient. In Wien besuchte er dann eine Spielshow des ORF. Trainerin Teresa und Rex waren die Ehrengäste und als die Live-Sendung startete, mußten beide neben der Bühne warten. Plötzlich begann Rex herzzerreißend zu winseln. Grund dafür war ein kleines Mädchen unter den Zuschauern, das eine Puppe im weißen Kleidchen durch die Luft wirbelte. Spielzeugexperte Rex wollte die Puppe unter allen Umständen haben und war nur mühsam davon abzuhalten, dem Mädchen das Spielzeug wegzunehmen. Erst als die Aufnahmeleiterin die Kleine bat, die Puppe zu verstecken, beruhigte er sich.
Offiziell wurde es dann, als Rex vom Bürgermeister der Stadt Wien empfangen wurde – zusammen mit den Hauptdarstellern, Drehbuchautoren und Mitgliedern des Produktionsteams. Während die menschlichen Besucher ihr Sektglas erhoben, gab es zwischen dem ersten Mann und dem beliebtesten Hund Wiens ein kräftiges „Pfote-zu-Hand-Schütteln".
Seine Premiere als „Preis-Überreicher" hatte Rex bei der Verleihung der Goldenen Kamera in Berlin. Wieder bestieg er mit Frauchen ein Flugzeug und ließ alle Proben für die Nacht der deutschen Fernsehstars seelenruhig über sich ergehen. Doch abgesehen von seinem Auftritt lernte er in Berlins Hauptstadt einen wichtigen Mann kennen, Teresas Vater Karl Miller. Erstmals trainierte Karl mit Rex und wie erwartet, schlossen die beiden sofort Freundschaft. Alle Vorbereitungen für den Abend waren getroffen, Rex wußte, daß Karl Miller ihm die Goldene Kamera umhängen würde und daß er diese mit freundlichem Blick an Tierfreundin Uschi Glas überreichen sollte. Teresa würde ihm, unter der Bühne stehend, Anweisungen geben. Leider hatte niemand mit der oft zitierten Verkettung unglücklicher Umstände gerechnet. Der Aufnahmeleiter holte Rex und Karl ca. eine halbe Stunde zu früh aus der Garderobe. Nun standen die beiden hinter der Bühne und warteten auf den Auftritt. Allerdings wärmte sich gleichzeitig eine Ballettgruppe am gleichen Ort auf. Sinnigerweise waren die Mädchen alle als wollene Schafe verkleidet.
Jeder wird verstehen, daß ein solches Szenario für einen Schäferhund zuviel ist. Vorbei war es mit der Disziplin von Rex. Vor seinem geistigen Auge sah er sich bereits im ausgelassenen Spiel mit den flauschigen Vierbeinern. Daß diese nur verkleidete Menschen waren, konnte er in seiner Aufregung nicht bemerken. Erst als Karl Miller wieder mit ihm in die Garderobe ging, beruhigte er sich und sein Auftritt ging ohne Pannen über die Bühne. Als Schäferhund und Gentleman überreichte er der großen TV-Kollegin die Auszeichnung, obwohl er wahrscheinlich lieber mit den Schäfchen ein Tänzchen gewagt hätte. Am Ende der Dreharbeiten zur zweiten Staffel wurde Rex selbst geehrt, als die österreichischen Fernsehzuschauer seine Serie zur besten des Jahres 1994 wählten. In den Wiener Sofiensälen überreichte ihm Journalist und Organisator Rudolf John den TV-Preis „Romy". Rex nahm ihn freudig in Empfang und in die Schnauze. Tobias Moretti wurde zum besten Seriendarsteller gekürt. Doch an diesem Abend erhielt Rex nicht nur eine Auszeichnung. Er lernte eine deutsche Journalistin kennen, die gekommen war, um „Frieden mit Rex" zu schließen. Sie hatte in ihrer Zeitschrift die Kolumne geschrieben: „Zwei Staffeln 'Kommissar Rex' sind genug."
Da sie durch einen Unfall mit einem Hund von Kindheit an Angst vor dem besten Freund des Menschen hatte, war das eine verständliche Reaktion.
Die Leser ihres Magazins waren da allerdings anderer Meinung. Erbitterte Briefe brachten die Redakteurin schließlich auf die Idee, bei einem Wienbesuch Rex kennenzulernen und sich sogar mit ihm fotografieren zu lassen. Obwohl sie vor dem Zusammentreffen sehr schweigsam war, mußte sie nach dem Pfotendruck zugeben: „Er ist wirklich kein Hund, vor dem man sich fürchten muß."

KAPITEL XVI

REXOMANIA

Als die Serie „Kommissar Rex" im Herbst 1994 nach langem Warten aller Hunde- und Krimifans endlich zur Ausstrahlung kam, erwarteten sich mungo-Film als Produktionsgesellschaft, SAT.1, Taurus-Film und ORF zwar ein positives Echo beim Publikum, niemand hatte allerdings mit einem derart durchschlagenden Erfolg gerechnet. Gleich beim Pilotfilm waren es rund 9 Millionen Menschen in Deutschland und 1,7 in Österreich, die beim ersten Zusammentreffen von Rex und seinem zukünftigen Partner und Freund Richie Moser dabei waren. Die Spitzenwerte lagen um die 12 Millionen Zuschauer in Deutschland und Österreich. Die Rex-Welle war nicht mehr aufzuhalten. Innerhalb weniger Tage hatten sich zahlreiche Rex-Fanclubs formiert, die Tonnen von Post an ihre Lieblinge Tobias Moretti und Rex sandten. Bei den Dreharbeiten wurde das Rex-Team stundenlang von Fans belagert. Keine Wartezeit war ihnen zu lang, um einmal den Quotenhund zu sehen und ein Autogramm von Moretti zu ergattern. Doch nicht nur Kinder und Jugendliche hatten es auf ihren vierbeinigen Helden abgesehen. Auch Erwachsene und Senioren ließen es sich nicht nehmen, dabeizusein, wenn der kaltschnäuzige Schnüffler vor der Kamera seine Fälle löste. Einmal beobachtete eine kleine alte Dame die Vorgänge im Hof eines Wiener Hotels. Plötzlich stürzte sie auf Teresa Ann Miller zu und fragte sie entgeistert: „Und Sie sind wirklich die Trainerin von Rex?" Als diese bejahte, brach die Frau in Tränen aus und gestand unter Schluchzen: „Nie hätte ich mir gedacht, daß

Rex als Geburtstagssgeschenk für Schauspielerin Elisabeth Stiepl

Rex mit Kommissar Moser, Assistenten und Gerichtsmediziner Leo Graf (Gerhard Zemann)

ich das noch erlebe, daß ich die Trainerin vom Rex kennenlerne." Die Schauspielerin Elisabeth Stiepl, in Österreich als große Hundefreundin bekannt, wurde just an ihrem Geburtstag für eine Rolle in „Kommissar Rex" besetzt. Für sie war dies, so gestand sie einem Mitglied des Produktionsteams später, das schönste Geburtstagsgeschenk, das man ihr hätte machen können. Am ersten Drehtag stellte sie sich dann natürlich auch mit diversen Quietschpuppen für Rex ein.
Die meisten Geschenke, die für Rex in der Produktionsfirma oder im Pressebüro eintrafen, waren sehr originell. Quietschende Wurstsemmeln, handsignierte Kauknochen und handgefertigte Schäferhunde aus Ton waren darunter. Durch die Flut an Quietschpuppen, die täglich eintrafen, ersparte sich Teresa bald den Einkauf im Spielwarenladen, der Vorrat reichte bis zum Ende der Dreharbeiten der zweiten Staffel.
Die „Rexomania" nahm aber bald auch andere Formen an.
Im Februar 1994 entbrannte der Streit um den begehrtesten Schäferhund aller Zeiten auf dem Tanzparkett. Alle wollten Rex auf dem Opernball in ihrer Loge begrüßen. Opernballorganisatorin Lotte Tobisch, Verhaltensforscher Antal Festetics und ein bekannter Uhrenhersteller rissen sich um die Gegenwart des Hundes. Endeffekt: Die Kontrahenten gingen leer aus, denn Rex dachte nicht daran, sich mit der

Rex beim Wiener Bürgermeister Michael Häupl

Der Quotenkaiser auf dem Thron

Rex und Moretti zeigen den Journalisten Wien

Schnauze in Kniehöhe der Ballbesucher durch überfüllte Gänge zu schieben und dabei nach Luft schnappen zu müssen.
Natürlich trugen die Medien das ihre zum „Rex-Boom" bei. Jeden zweiten Tag konnte man in allen möglichen Tageszeitungen über Kollegen von Rex, also Polizeihunde lesen, die irgendeinen Bösewicht zur Strecke gebracht haben sollten oder einen Drogenring hätten auffliegen lassen. Entweder wurden die anderen Hunde durch das TV-Vorbild entsprechend motiviert oder, was wahrscheinlicher ist, die Medien sahen nun endlich einen Grund, über die Leistungen von Diensthunden der Polizei und deren Hundeführer zu schreiben.
Täglich mußten Dutzende von Schäferhunden ihren Namen wechseln. Arcos, Broncos und Hassos hießen plötzlich Rex. Mit der Serie setzte auch eine vermehrte Nachfrage nach Schäferhunden bei den Züchtern ein. Durch den vierbeinigen Kommissar war die Rasse des deutschen Schäferhundes plötzlich wieder „in". Die Wartelisten der Züchter sind bereits so lang, daß sie keine neuen Interessenten mehr berücksichtigen können. Obwohl die Nachfrage riesig ist, stieg der Verkauf nicht, denn die Züchter sind verantwortungsvoll. Eberhard Strasser vom Verein für deutsche Schäferhunde drückte das Problem drastisch aus: „Schließlich kann man Hunde nicht produzieren wie Semmeln."
Viele Magazine und Zeitschriften schrieben Gewinnspiele aus, welcher Schäferhund in Hamburg, Berlin und Wien wohl Rex am ähnlichsten wäre. Tausende ehrgeiziger Herrchen und Frauchen griffen zur Kamera und hielten ihren Liebling auf Fotos fest, die sie dann an die Zeitungen schickten. Einige der menschlichen Gewinner hatten sogar die Chance, Rex in Wien zu besuchen. Ein Wiener Politiker sorgte für Schlagzeilen, als er vorschlug, den Vierbeiner an die Spitze seiner Partei zu wählen: „Wir sollten Kommissar Rex zum Obmann machen, der ist klug, anpassungsfähig, populär und folgt auf Befehl. Da hätten wir unseren Wunderwuzi." Aber nicht nur Angebote aus der Politik kamen ins Haus. Werbefirmen überhäuften Rex mit Angeboten. Für Uhren, Hundefutter, Waschmittel bis hin zu touristischen Regionen, Hotels und Autos hätte er in den letzten Jahren hunderte von Verträgen abschließen können. Was jedoch ein echter Star ist, der konzentriert sich ganz auf seine Arbeit und erliegt nicht dem schnöden Mammon.
Doch der Erfolg von Rex und der Serie beschränkt sich nicht nur auf Deutschland und Österreich. Seinen treuherzigen Blick und kriminalistischen Spürsinn kennen inzwischen auch die Fernsehzuschauer in Schweden, Norwegen, Frankreich, Spanien, Belgien, Island, im Iran, Malaysia und Holland. Mit vielen anderen Ländern wird verhandelt. Es gibt auch Gespräche darüber, daß die Serie „Kommissar Rex" irgendwann in den USA dem „Partner mit der kalten Schnauze" Konkurrenz machen könnte und ebenso in China zu Ehren kommt.

KAPITEL XVII

DAS ERSTE MAL IN L.A.

Noch hatte Rex nicht den Sprung über den Atlantik gewagt! Bei Flügen nach Berlin, München und Hamburg wurde getestet, wie er sich im Inneren eines Flugzeuges fühlt. Das Ergebnis war absolut positiv. Am Ende der Dreharbeiten zur zweiten Staffel trat er mit Teresa Ann Miller seine erste weite Reise an.
Co-Trainer Joel Silverman, der Teresa bei der zweiten Staffel assistierte, war bereits einige Tage früher nach Los Angeles geflogen. Teresa brachte ihren Kollegen gemeinsam mit Rex zum Flughafen. Das Staunen war groß, als der zweibeinige Freund durch die Paßkontrolle ging und Teresa und ihn zurückließ. Wieder im Haus in der Nähe Wiens angekommen, setzten sich die unheimlichen Dinge fort. Teresa packte einen Koffer nach dem anderen, bis schließlich auch die persönlichen Gegenstände von Rex in den großen Kisten verschwanden. Er ahnte bereits, daß es sich um ein aufregendes Spiel handeln würde. Vermissen würde er Wien und sein Team nicht übermäßig, denn in L.A. warteten bereits jede Menge neue zwei- und vierbeinige Spielkameraden auf ihn. Sie sollten ihm den Abschied aus

Star unter Stars. Rex bei seinem Aufenthalt in L.A.

Europa um einiges erleichtern. Jetzt ist er ein „California-Hund“ und genießt all die Vorteile, die die vierbeinigen Einwohner des sonnigen Bundesstaates haben. Sein erster Kontakt mit dem Meer war allerdings eine große Überraschung. Rex liebt das Wasser und schwimmt auch gerne, wie eine Szene in der Folge beweist, in der er eine Frau aus der Donau rettet. Das warme Meerwasser bedeutete aber eine Umgewöhnung, da es manchmal ganz heftige Wellen bildet, die einem dann salzig die Schnauze umspülen.
Natürlich besuchte Rex auch die Wahrzeichen von Hollywood, wie den „Starwalk of Fame“. Vielleicht werden seine Pfotenabdrücke dort auch einmal das Pflaster zieren. Berühmte tierische Kollegen traf er auf der Farm von Animal Action. So gab es ein „Shake Paws“ mit dem Bernhardiner Chris, der als „Hund namens Beethoven“ in die Filmgeschichte einging. Mit einem anderen Vierbeiner wagte Rex ab und zu auch ein Spielchen. Der Glückliche gehört zu der Gruppe der Golden Retriever. Auch wenn die Amerikaner den “Star“ Rex noch nicht kannten, wurde er ob seines Aussehens auf der Straße stets von Passanten bewundert. Einzig von deutschen Touristen wurde er sofort als Rex identifiziert. Wenn Teresa bei anderen Film- und TV-Produktionen arbeitet, geht er natürlich mit, um die Set-Atmosphäre zu schnuppern und die Arbeit vor der Kamera nicht ganz zu vergessen. Für alle Rex-Fans sei hier bereits ein Geheimnis gelüftet: Rex kommt im Februar 1996 wieder, um an einer dritten Staffel zu drehen! Wenn allerdings irgendwann die allerletzte Klappe für die Serie „Kommissar Rex“ gefallen sein wird, dann geht Rex endgültig mit Frauchen Teresa nach Hollywood. Dort, unter der Sonne Kaliforniens, wird er seinen Lebensabend verbringen.

TIPS

Anders als der Mensch fühlen Hunde nicht, wie lange ein geliebtes Lebewesen abwesend war. Sie sitzen nicht herum und überlegen: „Wo kann er sein, wann kommt er wieder?“ Traurigkeit und Verlassenheit machen sich erst breit, wenn niemand anderer da ist, der sich um den Hund kümmert. Wenn man sich mit dem Tier beschäftigt, ist der andere Mensch bald „aus den Augen, aus dem Sinn“. Bei der Rückkehr der Bezugsperson ist die Wiedersehensfreude allerdings groß.

KAPITEL XVIII

DER DEUTSCHE SCHÄFERHUND

Eigentlich begann die Geschichte des deutschen Schäferhundes vor rund 12.000 Jahren. Knochenfunde von Haushunden aus dieser Zeit beweisen, daß Rex schon damals zum besten Freund des Menschen wurde. Wie die Vorfahren des Hundes, die Wölfe, und die Menschen zusammenfanden, erklärt sich die Wissenschaft heute so: Wolf und Mensch durchstreiften das Land auf der Suche nach Nahrung. Gegenseitig begann man die Fähigkeiten des anderen zu nutzen und so taten sich die beiden zusammen. Der Mensch erkannte bald, daß sich die entzückenden Welpen des Wolfes leicht zähmen ließen. Als der Mensch begann, Häuser zu bauen und seßhaft zu werden, war der Hund der einzige, der dem wildlebenden Wolf gewachsen war und Haus, Tiere und Menschen gegen seine Verwandten verteidigte. Später war der große, starke Hirtenhund das wichtigste Wesen im Leben eines Viehzüchters. Erst mit der Erfindung von Feuerwaffen war der Mensch selbst in der Lage, die für ihn und seine Zuchttiere gefährlichen Raubtiere zu erlegen. Mit der Textilindustrie kam auch die Schafzucht und die Notwendigkeit des Schäferhundes. Seine Aufgabe war es, die Herde zusammenzuhalten, verirrte Schäfchen zu finden und zu verhindern, daß die blökenden Woll-Lieferanten in die bebauten Äcker einbrachen und dort Saat und Ernte zerstörten. Für die Erfüllung dieser Aufgaben waren besondere Eigenschaften nötig.

Intelligenz, Arbeitseifer, Selbständigkeit, Gehorsam und Aufmerksamkeit prägten von Anfang an sein Charakterbild. Sein äußeres, allgemeines Erscheinungsbild ist ein mittelgroßer, leicht gestreckter, kräftiger und muskulöser Körper. Die Schulterhöhe (Widerristhöhe) beträgt zwischen 60 und 65 cm, der Rumpf ist um 10-17% länger als die Schulterhöhe. Der Schäferhund hat einen keilförmigen Kopf, die Stirn ist nur wenig gewölbt. Er hat kräftige Kiefer, einen geraden Nasenrücken und eine schwarze Nase. Das kräftige Scherengebiß verfügt über 42 Zähne. Seine schrägen, mandelförmigen Augen sind dunkel und mittelgroß, die Stehohren laufen spitz aus und sind ebenfalls mittelgroß. Die Gangart ist der Trab und der Schwanz (Rute) dieser Rasse reicht etwa bis zum Sprunggelenk. Das Fell des Schäferhundes, wie Rex einer ist, ist dicht, gerade und fest anliegend, wobei die Farben variieren können. Schwarz mit Braun, Gelb und Hellgrau kommt ebenso vor wie Schwarz und Grau einfarbig ohne Abzeichen. Bei einer Schulterhöhe von 60-65 cm soll Rex 30-40 kg wiegen. „Rexinnen“ sind 55-60 cm hoch und sind 22-32 kg schwer. Wenn das Tier mehr auf die Waage bringt, ist Hundediät angesagt. Heute gibt es durch verschiedene Züchtungen drei Schäferhundtypen: den stockhaarigen, den langhaarigen und den rauhhaarigen. Die Langhaarigen werden auch altdeutsche Schäferhunde genannt, wirklich durchgesetzt hat sich aber nur der stockhaarige Rex. Das Fell ist derb mit mittellangem Deckhaar und dichter Unterwolle. Aufgrund seiner vielen guten Eigenschaften wird der Schäferhund heute als Schutz-, Fährten-, Drogen- und Blindenhund eingesetzt. Die Natur hat ihm alles mitgegeben, was er für seine Einsätze braucht. Er hat gute Nerven, verhält sich unbefangen, ist ein guter Kamerad, hat ein ausgeglichenes Wesen, ein selbstsicheres Auftreten und betrachtet seine Umwelt stets aufmerksam - und genauso ist auch Rex.

TIPS

Wenn nun der Wunsch in Ihnen aufkeimt, sich selbst einen jungen Rex anzuschaffen, sollten Sie beim Kauf eines jungen Schäferhundes verschiedenes beachten. Sie sollten den Hund nur bei einem Züchter erwerben. Der Verein für deutsche Schäferhunde, den es in Deutschland und Österreich gibt, stellt Ihnen kostenlos die Adressen der Züchter in Ihrer Umgebung zur Verfügung. Sie erhalten vom Züchter dann eine Ahnentafel des Hundes, die beweist, daß mit dem Kleinen alles in Ordnung ist. Außerdem gibt Ihnen der Züchter einen Impfpaß, der zeigt, daß die Grundimpfungen bei Ihrem Hund bereits durchgeführt wurden. Wenn Sie diese Ahnentafel verlangen, hat der Züchter kein Recht, etwas auf den ausgemachten Kaufpreis aufzuschlagen. Die Papiere müssen vom Verein für deutsche Schäferhunde ausgestellt sein.
Wenn Sie sich unter den „Rexen“ umschauen, werden Sie wahrscheinlich beim Anblick des ersten putzigen Welpen in lautes Entzücken ausbrechen. Schauen Sie sich aber mehrere Hunde an und besuchen Sie den, der Ihnen am besten gefällt, mehrere Male, bevor Sie ihn kaufen. Wenn Sie einen erwachsenen Hund wollen, bekommen Sie diesen ebenfalls beim Züchter oder im Tierheim. Wichtig ist in jedem Fall, daß Sie das Verhalten des Tieres beobachten. Der Mutter dürfen die Welpen erst nach acht Wochen weggenommen werden. Prüfen Sie genau, ob „Ihr Hund“ offen und unbefangen gegenüber Fremden ist und wie er sich zum Züchter oder zu den Betreuern im Tierheim verhält. Lassen Sie sich bei Welpen auch die Mutter zeigen. Ist sie schwach und kränklich, kann sich dies auch bei den Kindern fortsetzen. Welpen, die beim Züchter mit anderen Artgenossen beisammen sind, sollten Sie Tieren, die alleine in einem Zwinger sitzen, vorziehen. Und so sieht ein gesundes Schäferhund-Baby aus: Augen und Nase tränen nicht, das Zahnfleisch ist rosig. Der kleine Bursche steht mit geraden, festen Beinen in der Welt, der Körper faßt sich fest an und ist rund und pummelig wie bei allen kleinen Säugern. Wenn Sie über das Fell streichen, soll es sich wie Plüsch anfühlen und der kleine Wonneproppen sollte rundum wie ein appetitlicher Teddybär aussehen. Wenn er sich neugierig und unbefangen auf viel zu großen Pfoten an Sie heranmacht und nach einer Kennlernphase der Aufforderung zum Spiel folgt, kann aus dem Kleinen vielleicht auch einmal ein Rex werden.

KAPITEL XIX

DER ECHTE POLIZEIHUND

In der Serie ist Rex als Schutz-, Fährten,- Such,- Rettungs,- Sprengstoff- und Drogenfahndungshund ausgebildet. In Wahrheit hat Rex keine derartigen Ausbildungen erhalten. Er wurde ausschließlich von Teresa Ann Miller über den Spieltrieb trainiert und wird nur vor der Kamera und nicht im Ernstfall eingesetzt. Die hauptamtlichen Kollegen von Rex verhaften tatsächlich Bösewichte, graben Verschüttete aus, finden Vermißte und führen „ihren" Beamten zu den Orten, wo sie das Gesuchte oder den Gesuchten dann meist auch wirklich finden. Echte Diensthunde haben im Jahr ungefähr 400 Einsätze. Wurde die Erziehung der vierbeinigen Beschützer früher von Tierfreunden oft mit einem Nasenrümpfen quittiert, so geht es den echten „Schnüfflern" heute ähnlich wie Rex. Gelernt wird über den Spieltrieb und der Hundeführer ist nicht nur „Vorgesetzter", sondern auch Freund und Partner. Die Ermittler auf vier Pfoten arbeiten bis zum 10. Lebensjahr, danach geht der Dienst-Rex in Pension und lebt weiter bei seinem Herrchen, während dieser sich einen jungen Nachfolger heranzieht.

Die Hundeführer sind über „Kommissar" Rex vor allem deshalb so froh, weil die Serie ihr eigenes Image und das ihrer kaltschnäuzigen Begleiter unglaublich aufgebessert hat. Fürchtete sich die Bevölkerung noch vor einigen Jahren vor den „scharfen" Polizeihunden, so sehen die Menschen heute ein kleines unsichtbares Schildchen um den Hals der Tiere hängen, auf dem in goldenen Lettern „Rex" geschrieben steht.

Der Polizeihund ist ein effizienter Assistent des menschlichen Polizisten. Seine Talente, wie Geruchsinn und feines Gehör geben die Möglichkeit, Fälle schneller zu lösen. Polizeihunde können beispielsweise Leichen aufspüren, die einen Meter unter der Erde vergraben sind. Ihr Geruchssinn ist so stark, daß sie in einer Stadt eine menschliche Spur verfolgen können, die fünf Tage alt ist. Ihre schwarze Schnüffelnase hat 220 Millionen Aufnahmezellen, der Mensch ist mit mageren fünf Millionen ausgestattet.

Wenn ein Zweibeiner Hundeführer werden will, dann muß er Außendienstpraxis hinter sich haben und natürlich Tiere lieben. Haben sich die zukünftigen Ermittler erst einmal getroffen, dann haben sie vier Wochen Zeit, sich aneinander zu gewöhnen. Tritt der Fall ein, daß sie sich nicht „riechen" können, wird das Gespann wieder getrennt. Der Vierbeiner muß ein Jahr alt sein, dann gibt es verschiedene Tests, ob er sich zum zukünftigen Polizisten eignet oder nicht. Erst wenn er diese Prüfungen und die Probezeit bestanden hat, wird er vom Züchter gekauft. Für einen Diensthund sind die wichtigsten Kriterien: Härte, Beutetrieb, Aggressionstrieb, Sozialverhalten, Stock- und Schußfestigkeit und natürlich die Anlage, seinem Herrchen zu gehorchen.

Hund und Partner sind immer zusammen. Wenn der Vierbeiner krank ist, hat der Mensch Pflegeurlaub, wenn das Herrchen oder Frauchen Urlaub hat, geht auch „Rex" in die Ferien. Trainiert wird, wenn die Grundausbildung geschafft ist, wann und wo es sich ergibt und notwendig ist. In achtwöchigen Fortbildungskursen werden Hund und Herrchen dann auf Spezialeinsätze wie beispielsweise die Drogenfahndung vorbereitet. Im großen und ganzen unterscheiden sich die „Dienst-Rexe" nicht so gravierend vom Fernseh-Star. Das schönste Kompliment bekam der Liebling vieler TV-Zuschauer wahrscheinlich von einem waschechten Hundeführer: „Auch wenn es sich um erfundene Geschichten handelt, die verfilmt werden - zu einem hohen Prozentsatz sind die Stories realistisch."